LA

PÉDAGOGIE

RÉVOLUTIONNAIRE

A LA MÊME LIBRAIRIE

Châteauroux. — Typ. et Stéréotyp. A. MAJESTÉ.

BIBLIOTHÈQUE PÉDAGOGIQUE

LA PÉDAGOGIE RÉVOLUTIONNAIRE

PAR

GEORGES DUMESNIL

ANCIEN ÉLÈVE DE L'ÉCOLE NORMALE SUPÉRIEURE
PROFESSEUR AGRÉGÉ DE PHILOSOPHIE

Devoir — Savoir —

PARIS
LIBRAIRIE CH. DELAGRAVE
15, RUE SOUFFLOT, 15

1883

PRÉFACE

Ce livre me fut commandé, pour M. Delagrave, par M. Cocheris, inspecteur général de l'enseignement primaire. Depuis lors, M. Cocheris est mort. Ce livre, que j'aurais voulu lui offrir, je le dédie, avec la permission de sa digne veuve, à sa mémoire chère et respectée.

Ce n'est pas que j'aie la prétention de prolonger par là le souvenir de M. Cocheris. Ceux qui ont lu ses ouvrages érudits et charmants, ceux qui ont connu sa bonté et son intelligence, ceux-là ne l'oublieront jamais.

Je n'entends pas davantage faire partager à M. Cocheris, non plus qu'à personne, la responsabilité des opinions que j'ai soutenues dans cet ouvrage. Mais il n'y eut pas d'esprit plus libéral que M. Cocheris. Épris pour sa part de la sincérité et de la bonne foi scrupuleuse qui sont comme la conscience même du savant, il savait que ces vertus ont pour condition nécessaire la liberté de penser et la liberté d'exprimer sa pensée. Il m'aurait plus approuvé de rendre témoignage à ma conviction que d'avoir des complaisances pour ce qui me paraît être l'erreur. Aujourd'hui même, je n'oserais pas faire hommage à son nom d'une œuvre où j'aurais dénaturé le moins du monde mon intime manière de sentir. Par l'absence de ce défaut ou de ce vice, ce livre n'est pas indigne de se réclamer de lui. Je le mets avec confiance sous ses auspices; l'œuvre partagera ainsi en quelque sorte le destin de l'auteur qui, au milieu des regrets que lui a laissés M. Cocheris, s'honore de l'avoir eu pour protecteur et pour ami et se félicite d'avoir goûté, trop peu de temps, hélas ! sa vive sensibilité, son esprit jeune et primesautier, sa raillerie piquante et bienveillante, son amour du travail, sa fidélité dans les affections.

Mis en demeure de faire connaître à nos lecteurs la pédagogie révolutionnaire, j'ai dû tracer des limites à mon sujet. J'ai laissé de côté les philosophes dont les ouvrages ont préparé à la fois la Révolution et la pédagogie de la Révolution. Il y aurait là toute la matière d'un volume spécial, soit qu'on y comprenne, ou non, Locke et Rousseau. Voltaire, Diderot y auraient leur place. J'en ai comme esquissé quelques traits dans mes travaux du *Dictionnaire de pédagogie*, par mes articles sur Gassendi, Helvétius, d'Holbach, La Mettrie, Leibniz même.

Je n'ai pas cru devoir exposer ce que fut l'administration de l'instruction publique pendant la période révolutionnaire, ni ce qu'elle a fait en France pour la conservation et l'accroissement de nos trésors artistiques, littéraires et intellectuels. La Révolution a été durement jugée sur ce point par les légendes et par les histoires. Mais elle a été vengée dans un livre excellent, le *Vandalisme révolutionnaire*, de M. E. Despois; j'ai eu l'occasion de renvoyer le lecteur à ce livre; je n'avais pas à revenir sur le sujet qu'il traite avec tant de supériorité.

J'ai négligé le problème qui consiste à chercher quels furent les effets de cette administration sur l'éducation du peuple et de la France en général. Si ce problème peut être résolu, c'est par des travaux partiels analogues à ceux qui nous ont été déjà donnés, et où on comparera, avec des renseignements sérieux, l'état de l'instruction d'un pays déterminé, avant et après la Révolution. Il n'est pas sûr que ce travail puisse être fait pour beaucoup de contrées avec des documents suffisants. S'il peut être fait, il n'est pas sûr qu'il ne donne pas des résultats disparates et incohérents. A supposer qu'il en sorte un résultat général défavorable à la Révolution, on n'en pourrait peut-être rien conclure encore contre l'administration et la pédagogie républicaines ; car il faudrait, parmi les causes de cette éclipse, d'ailleurs douteuse et momentanée, de l'instruction publique, faire la part des événements politiques, sociaux, militaires qui absorbèrent alors si extraordinairement l'énergie de la nation. Cette enquête sera donc curieuse, intéressante, mais elle ne contiendra aucun enseignement pour le temps présent.

Il m'a paru plus utile d'étudier les documents pédagogiques à un point de vue purement théorique, en les considérant comme les manifestations précieuses des différentes forces politiques, des différentes doctrines sociales dont la Révolution fut tour à tour le champ de bataille et d'expériences ; de montrer ces documents dans toute leur originalité ; d'en marquer les erreurs, les utopies, et d'en dégager aussi ce qui en était conforme au génie de la France. Voilà du moins ce que j'ai voulu faire.

J'ai suivi, pour l'histoire, M. Guillaume, dont les articles du *Dictionnaire de pédagogie* sur la Convention, le consulat et les assemblées du Directoire font époque dans la question que j'avais à traiter. Je me suis aussi servi utilement du livre de M. Hippeau, qui en réunissant des documents dont j'avais besoin m'a épargné beaucoup de recherches.

Enfin, je dois remercier mon ami Charles Chabot, mon camarade d'École Normale, professeur de philosophie, qui, en mon absence, a bien voulu prendre sur son temps pour corriger les épreuves du livre que nous donnons au public.

Heidelberg, 7 décembre 1882.

LA PÉDAGOGIE RÉVOLUTIONNAIRE

CHAPITRE PREMIER

Le renouvellement radical de l'instruction publique était-il rendu nécessaire en France par la Révolution ?

I

L'ANCIENNE FRANCE AVAIT-ELLE UN SYSTÈME ÉTENDU D'INSTRUCTION PUBLIQUE ?

Depuis que de grandes préoccupations pédagogiques ont ramené l'attention des esprits vers l'état de l'instruction publique en France au XVIIIe siècle, il se poursuit de divers côtés un travail auquel on n'a pas pris garde tout d'abord, dont on commence à voir les effets, et dont il faut, me semble-t-il, écarter les conclusions par la question préalable.

Je veux parler de ces recherches, très recommandables en elles-mêmes, poursuivies par différentes classes d'érudits sur plusieurs points du territoire à la fois : archivistes, publicistes, historiens par métier, par goût ou par occasion, qui se donnent la tâche d'étudier quelles étaient, avant la Révolution, les ressources de l'enseignement dans telle contrée du royaume qu'ils choisissent. L'un compte les écoles d'une province, et les trouve bien plus nombreuses qu'on n'aurait pu croire, plus nombreuses souvent qu'elles ne le sont aujourd'hui même. L'autre rencontre des collèges jusque dans de petites villes qui en ont perdu même le souvenir. Un troisième énumère les académies de sciences et de lettres qui ont disparu sans retour. Il semble qu'il n'y ait tout d'abord, dans chacun de ces travaux, qu'une contribution intéressante à l'histoire, tout au plus des regrets stériles et platoniques. Mais tout à coup voici qu'on rapproche leurs résultats partiels ; leur somme arithmétique éclate brusquement avec l'éloquence brutale du chiffre. On nous prouve, textes en main, qu'il y avait en France, avant la Révolution, près de 60 facultés de diverses natures, 40 académies, 600 collèges environ, enfin un large service d'instruction primaire auquel ne manquait même pas toujours la gratuité et qu'assurait une infinité de congrégations d'hommes et de femmes, indépendamment des maîtres laïques[1]. Aussitôt s'élève un concert de plaintes et de récriminations contre la Révolution, qui a supprimé cette

1. Voy. M. André, *Nos maîtres aujourd'hui*, p. 186 sqq., dont les conclusions sont d'ailleurs très modérées. Voy. aussi les travaux, très instructifs, de MM. Charmasse, Hondoy, Lantoine, Quantin, Maggiolo, etc., tous cités à l'article BIBLIOGRAPHIE du Dictionnaire de pédagogie de M. Buisson. Quelques Revues aussi sont souvent revenues sur ce sujet, particulièrement la *Revue des Deux-Mondes* avec M. Albert Duruy, dont les articles ont fait un volume. J'aurai occasion de rendre hommage à l'auteur en le citant, bien que mes conclusions soient diamétralement opposées aux siennes.

vaste ordonnance de l'instruction publique, et qui, trouvant la France éclairée de mille lumières, l'a barbarement replongée dans les ténèbres. Toujours « le vandalisme révolutionnaire [1]! »

C'est que, jusque sur le terrain de la pédagogie, nullement étrangère par nature, comme on pourrait le croire, aux doctrines sociales, mais qui leur est au contraire intimement liée, les partis politiques ont repris leurs positions et prolongé leurs combats. Et chacun de propager à son profit une légende particulière sur l'histoire de l'instruction publique en France.

La légende impériale faisait remonter à Napoléon, par la création de l'Université, l'honneur d'avoir tiré tout du néant.

La légende révolutionnaire admettait assez volontiers ce néant pour l'ancien régime ; et il y a encore aujourd'hui des gens pour lesquels c'est article de foi, qu'il n'y avait pas un homme du peuple sachant lire dans la France du XVIIIe siècle, cette France qui a pourtant bien prouvé, par la Révolution, à quelle profondeur elle avait été pénétrée d'écrits philosophiques.

Voici venir maintenant une légende nouvelle, celle des partis rétrogrades, d'après laquelle la France, merveilleusement instruite sous la monarchie, aurait subitement désappris à lire sous la République.

1. « Le vandalisme révolutionnaire » est l'expression consacrée par laquelle les adversaires de la Révolution ont prétendu stigmatiser les destructions systématiques dont elle se serait rendue coupable. M. Despois a fait un livre excellent, plein de faits et de vues pénétrantes, pour réfuter cette thèse, et il a donné ironiquement pour titre à son ouvrage cette même expression : *Le vandalisme révolutionnaire !*

En vérité, nous ne vivons que de légendes ; et je ne suis pas fâché, pour ma part, de les voir se détruire naturellement : il restera peut-être la vérité.

Ainsi, il ne me déplaît pas d'apprendre que la vieille France avait fait un effort considérable pour se donner une vaste organisation d'enseignement. La question est de savoir si, au moment qui nous occupe, tous ces établissements répondaient aux besoins de la société française, s'ils rendaient des services ou s'ils représentaient plutôt des *desiderata*. Formaient-ils un système d'éducation à la hauteur des circonstances, leur destruction est impie et ne se comprend pas. Étaient-ils au contraire un obstacle à l'accomplissement de la mission qu'ils auraient dû remplir, ils ont mérité leur sort ; et plus l'aspiration de la France vers l'instruction publique était grande, plus il était légitime que cette aspiration les emportât.

Nous ne craignons donc pas qu'on nous montre l'ancienne France tendant de toutes ses forces à l'organisation d'un système étendu d'instruction publique. A mesure qu'on nous donne la preuve qu'il y avait là des écoles, là des collèges, là des académies, là quelque institution accusant la volonté des âmes de chercher ou de se communiquer la lumière, nous nous réjouissons. Qui serait plus fier que nous de ce glorieux instinct de notre pays dans un passé que nous ne répudions pas, dont nous nous portons tout au contraire les héritiers véritables ? Là où l'on voit des arguments pour nous accabler, nous enregistrons avec reconnaissance les symptômes significatifs dont nous entendons nous emparer pour justifier aux yeux de la France sa propre histoire.

Bien plus, nous sommes décidés nous-mêmes à

apporter notre modeste concours à cette œuvre de réhabilitation de l'ancienne France, à nous joindre, de la seule manière qui nous est possible, à cette œuvre de justice. On nous apporte en multitude des résultats partiels, des faits particuliers. Qu'on nous permette de les corroborer par l'examen d'un phénomène d'ordre plus général, auquel nous accordons, à cause de cela, une importance relativement considérable. Je veux parler de la fondation, par le P. de la Salle, de l'ordre des Frères de la doctrine chrétienne. C'est là un événement apparent, connu de tous. A mon avis il suffit pour faire pressentir toutes les trouvailles de détail qu'on a faites ou qu'on pourra faire encore dans le champ peu exploité de l'ancienne instruction publique. Il autorise à prédire de nombreux succès aux archéologues qui fouillent le sol du XVIIIe siècle, incertains s'ils en verront sortir les restes enfouis de quelques institutions scolaires disparues.

II

LE SUCCÈS DES FRÈRES DE LA DOCTRINE CHRÉTIENNE PROUVE QU'IL Y AVAIT, DANS L'ANCIENNE FRANCE, UNE ASPIRATION UNIVERSELLE VERS L'INSTRUCTION.

Consultez, en effet, l'histoire de l'Église. Vous y verrez qu'à toutes les époques elle a enfanté spontanément des ordres monastiques d'une nature nouvelle, en rapport avec l'esprit de leur temps et destinés à absorber, au profit du catholicisme, le mouvement des âmes : les solitaires et les mendiants, lorsque se développa d'abord l'esprit de renoncement et d'humilité ; puis au moyen âge, les grands ordres mystiques, la plus haute expression du christianisme, puisque la même inspiration qui les a produits nous a donné l'*Imitation de Jésus-Christ :* travailleurs et contemplatifs qui portaient alors en eux le cœur meurtri de l'humanité et se préparaient, dans le silence et la prière, aux consolations éternelles. Mais quand le monde, sortant de la léthargie religieuse, mordit, malgré les papes, au fruit de la philosophie profane et voulut garder Aristote, même anathématisé, des ordres parurent qui se chargèrent d'en faire un saint et qui, méritant qu'on créât pour eux l'épithète d'ergoteurs, mirent d'accord le péripatétisme et la religion, en creusant dans le syllogisme une forme vide où ils versèrent le dogme. Même travail des Jésuites à la Renaissance : ils résolurent le problème d'enseigner la littérature païenne, la liberté antique, la morale de Caton et d'en tirer une servitude sans exemple et une corruption qui n'appartenait qu'à eux.

Chose remarquable, l'idée de la création de ces ordres grandit ordinairement dans la pensée de quelque serviteur obscur et profondément dévoué de l'Église : tel Loyola. Elle ne se fait accepter qu'avec peine en haut lieu. Rome ne les autorise qu'après avoir dûment constaté les nécessités auxquelles ils répondent. Ils ont souvent des débuts difficiles, du fait des autres puissances du clergé.

Telle est précisément l'histoire de la création des Frères de la doctrine chrétienne par le P. de la Salle. Dans sa piété sincère et son amour des humbles, il conçoit le vaste projet de leur donner à tous les éléments de l'instruction. C'est en cela qu'apparaît nettement l'inspiration de l'époque. Dans un autre temps, une âme ardemment charitable comme la sienne aurait imaginé quelque ordre qui fût un asile pour les affligés ou un secours pour les malheureux ; cet ordre aurait fondé des églises, des monastères, des hospices peut-être. Et que fait le P. de la Salle ? il ouvre une école. A quelle grande aspiration populaire, vague encore, cela est possible, mais puissante déjà, cela est certain, ne croyez-vous pas que réponde cet acte imprévu et nouveau ?

Je sais bien qu'il existait déjà, pour ainsi dire à l'ombre des églises, dans la main des curés, des « chantres » et des sacristains, de « petites écoles » et des « écoles de charité » où l'on donnait quelque instruction à des enfants. Qui dit que le P. de la Salle ait eu le premier l'idée d'apprendre à lire à un enfant ? Mais je dis que s'il eut l'idée d'apprendre à tous ; si, voyant aussi bien que personne les écoles qui existaient, il les trouva insuffisantes ; s'il créa, pour réaliser son vaste dessein, un ordre aux cadres larges, au personnel facilement multiplié [1] ; si l'ordre se développa, malgré les difficultés sans nombre à lui suscitées par ses devanciers mêmes, trop prévenus pour comprendre qu'il fallait tout un sang nouveau dans leur vieille œuvre ; si cette entreprise d'éducation populaire eut, malgré le clergé, assez d'élèves pour nécessiter l'invention de la méthode simultanée ; et si elle se propagea assez victorieusement pour s'imposer enfin à l'acceptation, puis à la protection de l'Église même — ne voit-on pas qu'il lui fallait avoir pris

1. La fondation des Frères de la doctrine chrétienne par le P. de la Salle est de 1681.

naissance dans un besoin déjà invincible du peuple ; que son initiateur avait dû écouter dans son propre cœur les palpitations d'un désir universel déjà grandissant ; que son effort devait avoir pour fin d'imprimer du moins à ce mouvement fatal la direction de l'Église, et que par lui l'esprit chrétien travaillait à s'inféoder une tendance profondément démocratique[1] ?

Il n'est nullement surprenant qu'on retrouve, en explorant ce passé, les vestiges oubliés d'un mouvement national dont il reste des témoignages si saisissants. Une idée qui trouvait un champion aussi ardent et aussi heureux que le P. de la Salle devait travailler bien d'autres cœurs. Tous ne pouvaient la servir avec les mêmes ressources et les mêmes succès ; mais chacun dut s'y employer comme il le put. Il y eut des efforts collectifs et des efforts individuels ; il y eut des associations, des fondations et des legs, et il dut y en avoir beaucoup, quoique oubliés aujourd'hui, si nous en mesurons le nombre à l'éclat du grand fait qui nous paraît en être l'indice visible.

Naturellement, ceci n'est pas particulier à l'instruction primaire. Un besoin aussi noble que celui de la culture intellectuelle ne gagne pas les dernières classes de la société sans avoir complètement pénétré les couches supérieures. De là cette multitude d'académies et de collèges de l'ancienne France : celles-là témoignant du désir commun de s'éclairer, ceux-ci montrant par leurs origines et leur mode d'existence,

1. Pour tout ce passage, Voy. André, *Nos maîtres hier*, tome I, p. 251 sqq.

combien le souci de l'instruction publique s'imposait même aux particuliers, puisque ces établissements étaient presque tous fondés et soutenus par la charité privée.

III

RAISONS D'ENTRER EN DÉFIANCE SUR LA VALEUR DE L'ANCIENNE ORGANISATION DE L'ENSEIGNEMENT EN FRANCE.

Si maintenant à côté de l'aspiration, que je vois immense, je cherche les résultats, comment n'entrerais-je pas en défiance ? Quelle fureur a donc transporté ce peuple de France, si patient pourtant dans sa masse et d'un attachement à ses usages qui confine souvent à la routine, pour qu'il renversât tout à coup et de fond en comble ce vaste système d'instruction publique ? C'est donc que toutes ces institutions d'enseignement, dont on va menant si grand bruit, l'avaient bien mal enseigné ou ne l'avaient pas enseigné du tout.

Je sais ce qu'on peut répondre à cela. Le pouvoir central est fort en France. Il peut supprimer d'un seul coup tout un ensemble d'institutions, même utiles, même chères au pays. La suppression de l'ancienne organisation des études fut imposée au peuple par la volonté irrésistible de la Convention. C'est une œuvre révolutionnaire.

Je le veux bien. Mais encore faut-il qu'il y ait eu des raisons révolutionnaires d'agir ainsi. Quelles furent ces raisons et quelle était leur force ? Toute la question est là ; car suivant qu'on les admettra ou qu'on les récusera, l'œuvre destructive de la Révolution sera justifiée ou condamnée. Il nous faut donc rechercher et déterminer les mobiles auxquels la Révolution a obéi, et pour cela, prendre connaissance de l'état des études avant elle et de l'esprit qui présidait à leur organisation.

IV

ÉTAT DE L'ENSEIGNEMENT PRIMAIRE EN FRANCE AVANT LA RÉVOLUTION.

Faites les derniers efforts d'imagination pour réduire l'instruction primaire à son expression la plus simple et la plus misérable, vous ne pourrez vous dispenser d'y faire figurer la lecture, l'écriture et les éléments de la numération. Et comment concevoir l'écriture sans une ombre de grammaire, pour prévenir les plus grossiers écarts d'orthographe ? Voilà précisément, sans rien de plus, ce que nous trouvons indiqué au bilan des écoles du premier degré et même dans la « Conduite » du P. de la Salle qui, venant le dernier, a dû pourtant se proposer de faire plus et mieux que ses devanciers. En revanche, accumulez les matières de foi, prières latines et autres, catéchisme, histoire sainte, instructions pieuses auxquelles il est accordé une place prépondérante, écrasante : c'est tout le programme.

Mais ce qu'on n'imaginerait jamais, c'est la méthode. Dans les écoles autres que celles de la Salle, l'enseignement simultané n'était pas employé ; le maître devait répartir son temps entre ses élèves, c'est-à-dire donner à chacun quelques minutes de loin en loin. Qu'en résultait-il ? C'est qu'au bout de trois et quatre ans, un enfant ne savait pas toujours lire [1]. Et que savait-il lire ? le latin. Chose inouïe ! ce sont les ténèbres de cette langue, inintelligible pour lui, qu'on présentait ainsi de prime abord à l'esprit en quête de la lumière, comme pour le forcer d'en désespérer à jamais.

La longue durée de ce vain apprentissage s'expliquera de mieux en mieux, si l'on veut bien considérer que le maître d'école était ordinairement sacristain, bedeau, suisse, chantre, fossoyeur et sonneur, sonnant les cloches pour les offices et l'angélus, et réquisitionné pour les baptêmes, les mariages et les enterrements ; que c'était même là sa besogne principale et le plus clair de sa maigre prébende ; et qu'avec cela, il y avait quatre ou cinq mois de vacances pendant lesquels il lui fallait exercer un métier, sous peine de mourir de faim.

Que dire des bâtiments dans lesquels se faisait la classe ? « Il suffit, dit M. Albert Duruy [2], de regarder » les anciennes gravures qui nous restent, entre » autres une très curieuse eau-forte de Boissieu, pour » se former une idée du délabrement et de la pauvreté » des locaux affectés à l'enseignement dans les campagnes. C'étaient généralement de simples chaumières que rien ne distinguait des autres habitations..., la plupart anciennes habitations privées, » léguées par des personnes charitables... Couvertes » en paille et construites en bois, elles n'avaient qu'un » rez-de-chaussée éclairé par d'étroites et rares ouver-

1. André, *Nos maîtres hier*, p. 296.

2. L'instruction publique en 1789. *Revue des Deux-Mondes* du 15 avril 1881.

» tures où les enfants se réunissaient pêle-mêle avec le » recteur et sa famille, peu ou point de mobilier, si ce » n'est celui du maître. Les tables étaient formées » de planches mobiles, posées sur des tréteaux. Les » élèves écrivaient debout ; les plus jeunes seulement » étaient assis sur de petits bancs. » Et M. Albert Duruy conclut que ces écoles, non construites en vue de leur destination, et même sans souci de l'aération et de l'hygiène, étaient défectueuses au point de vue de la salubrité. Nous dirons avec lui qu'elles étaient un véritable danger pour les corps, sans que nous ayons encore vu le profit que pouvaient en revanche y trouver les esprits.

Il y avait au-dessus de ces petits bagnes de la première enfance des écoles d'un second degré, où l'on allait jusqu'à enseigner un peu de latin aux enfants. On peut voir un spécimen de leur programme dans les conventions passées entre la communauté et les régents de Sérou (Ariège)[1]. N'y est-il pas question, parfois, même de grec ? Mais allons au fond des choses. Nous constatons que la besogne du pédagogue est d'apprendre leurs prières aux petits, de les faire réciter aux grands et de conduire tout ce monde à l'église tous les jours. S'il reste du temps, il leur apprendra à lire, écrire et compter, le tout conformément aux anciennes coutumes, comme il est expressément stipulé ; c'est-à-dire qu'il ne manquera pas de faire épeler le latin par ses petits élèves, avant de mettre sous leurs yeux un mot de leur langue maternelle. Il enseigne la grammaire aux principaux. Il y eut même, paraît-il, bon nombre de ces écoles

1. Cité par la *Revue pédagogique* d'oct. 1879, p. 415.

qui eurent une tendance à empiéter, avec des méthodes grotesques, sur l'enseignement des collèges [1]. Mais quand elles se tinrent dans les limites de leurs attributions, n'est-il pas permis de croire que cet enseignement du latin n'allait guère à un autre but qu'à celui que se propose le régent de Sérou avec ses pupilles : « les pousser au luthrin » ? Il lui est enjoint de leur faire aussi des « corrections salutaires et profitables à tous » ; car ce n'est pas d'hier que les écoles chrétiennes ont pour principe de mater la chair. L'histoire de l'école de Sérou se poursuit ainsi à travers le XVIIe et le XVIIIe siècles, sans relater de modifications notables, que l'adjonction d'un aide au régent et l'élévation de ses maigres gages, portés à 250 liv. en 1770. Elle arrive jusqu'à la veille de la Révolution, sans qu'on remarque un progrès quelconque dans les procédés d'enseignement, ni la moindre modification dans l'esprit qui préside au choix suranné et étroit des matières enseignées. Ni la science, ni l'histoire, ni la géographie n'y ont de place. Un dernier détail ouvre un triste jour sur l'incurie apportée ici encore dans la question des locaux : la classe se faisait dans la grande salle de l'hôpital !

Cet aspect intime des écoles, cette façon de les envisager dans leur triste réalité, explique comment il peut se produire, chez des gens d'une égale bonne foi, une opinion tout opposée à celle des prôneurs du temps passé. Ceux-ci les comptent et crient au miracle ; ceux-là les jugent et sont navrés. Et encore,

1. Voy., à ce propos, les démêlés du Chantre et de l'Université. André, *Nos maîtres hier*, p. 256 sqq.

dans combien de lieux manquaient-elles absolument ! C'est ainsi que des auteurs, même de tendances évidemment rétrogrades, comme M. André[1], sont amenés à faire résider « les progrès de l'instruction dans un désir très marqué (et que j'ai marqué plus que personne) de propager la lumière intellectuelle parmi le peuple et d'accroître le nombre des écoles ». Il ajoute : « Dans quelques provinces, l'instruction du peuple était aussi négligée que les remèdes à apporter à la profonde misère dans laquelle gémissaient les populations. On pouvait bien regretter, dans ces pays, l'absence des écoles ; mais le clergé, de qui dépendait la cessation d'un régime reconnu désastreux, ne se proposait pas lui-même pour dissiper la nuit d'ignorance qui les couvrait de ses ténèbres ».

On avouera que la Révolution paraît décidément avoir supprimé peu de chose, là où il y avait quelque chose en fait d'enseignement primaire. Fut-elle plus sacrilège en touchant à l'enseignement secondaire ?

V

ÉTAT DE L'ENSEIGNEMENT SECONDAIRE EN FRANCE AVANT LA RÉVOLUTION.

Remarquons d'abord que l'ancien régime n'avait pas donné l'exemple de plus de discrétion que la Révolution en expulsant d'un seul coup, en 1764, de tous leurs établissements scolaires, les Jésuites qui ne comptaient pas moins de quarante collèges dans le seul ressort du Parlement de Paris[2]. Quoi qu'on pense

1. *Nos maîtres hier*, p. 251-253.

2. André, *Nos maîtres hier*, p. 398.

de cette mesure, il est certain qu'elle avait fait dans le personnel enseignant des lacunes énormes, et que la nécessité de les combler subitement créa nombre de maîtres profondément incapables. Au moins qu'enseignaient-ils ?

Consultons à cet égard un témoignage qui nous présente la réalité, même embellie ; interrogeons l'excellent Rollin qui, pupille, puis professeur, puis recteur de l'Université, l'a connue à fond, la personnifie avec une bonhomie au-dessus du soupçon et nous présente dans son *Traité des études* l'espèce d'idéal d'enseignement qu'on pouvait s'y former. Cette réalité, cet idéal sont-ils à la hauteur des circonstances et de l'avenir ?

Nous voyons qu'au delà de l'enseignement primaire il n'y a pas pour Rollin d'autres études que celle des langues anciennes et que l'instruction de l'adolescence entière se résout dans une pure et interminable rhétorique. Pour qui connaît l'histoire et entend gronder déjà, derrière les phrases de Rollin, les événements formidables de la fin du siècle, si moderne, rien de plus étrange que de voir la naïveté inconsciente et l'imprévoyance totale avec laquelle ce Nestor des discours latins s'attarde complaisamment dans sa fausse antiquité. Il dut y avoir dans l'ombre des vieux collèges d'obscurs Rollins de province qui, lorsque la Révolution vint les en tirer, clignèrent des yeux et moururent de saisissement en respirant le grand air de l'époque. Il ne fallait pas les sortir du latin. Tout pour eux était là. Sur ce point les témoignages abondent. L'abbé Gédoyn, en 1745, dit que sur 50 enfants élevés dans les collèges, il n'y en a pas dix qui prennent du goût au latin, que néanmoins on ne leur enseigne pas autre chose [1]. On en était à chercher une place pour l'histoire de France et la géographie [2] : on y employait une demi-heure les jours de congé, à partir de 1769 [3]. Dans les dix-huit derniers mois des études, il est vrai, on enseignait aux élèves de philosophie la logique, la physique et la morale ; mais comment ? dans des cahiers latins. Au moment où l'esprit français, déjà renouvelé depuis Descartes par l'influence anglaise de Locke et de Newton, produisait toute une génération de philosophes et régentait par eux l'Europe à son tour, c'est à peine si le cartésianisme était parvenu à faire brèche dans la philosophie universitaire et à se cantonner dans quelques points, péniblement conquis sur la scolastique qui conservait presque toutes ses positions [4]. Quant aux sciences, un livre élémentaire de mathématiques était toute la part qu'on leur fît, dans le siècle de Newton et de d'Alembert !

Aussi les réclamations s'élevaient-elles de toutes parts. Pour ne citer que les principales, tous les philosophes abordaient successivement le problème de l'éducation : Locke, l'abbé de Saint-Pierre, Helvétius, d'Holbach, Diderot, Rousseau faisant avec l'*Émile* la plus retentissante des protestations contre une instruction purement verbale, tous montrant assez par leurs recherches que leur idée de l'éducation n'était pas remplie par celle qui se dispensait autour d'eux. Mais ce vain bruit philosophique semblait se perdre

1. André, ouvr. cité, p. 401.
2. A. Duruy, art. cité.
3. André, ouvr. cité, p. 446.
4. A. Duruy, art. cité.

dans une sphère toute spéculative. En arrivait-il quelque chose au travers des grilles très réelles des vieux collèges ?..... Un jour vint cependant où les idées des philosophes s'étaient incarnées dans des hommes d'action, avaient pris possession des pouvoirs publics et où il fallut comparaître. Ce jour-là, l'Université avait son sort entre les mains. « Les institutions périssent par le suicide », a dit un grand penseur[1]. Dans la séance de l'Assemblée nationale du 29 juillet 1789, l'Université, recteur en tête, demanda simplement son maintien, sans réformes. Elle se suicida. La Révolution ne l'a pas tuée : elle l'a poussée, morte, pour qu'elle tombât.

VI

QUE LA PÉDAGOGIE DE L'ANCIENNE FRANCE ÉTAIT EN RAPPORT AVEC LES INSTITUTIONS DU PAYS.

Est-ce à dire que cette façon d'entendre l'enseignement secondaire n'ait pas eu dans son temps ses mérites et sa raison d'être ? Loin de nous cette pensée. Nous croyons au contraire qu'elle satisfaisait aux conditions sociales de l'ancien régime et qu'elle a rendu à la France les plus éminents services.

Remarquons d'abord que l'enseignement secondaire ne s'adresse par nature qu'à un nombre assez restreint d'individus dans une nation. Sa clientèle ordinaire, avant la Révolution, était empruntée à quelques classes privilégiées de la société, noblesse d'épée et noblesse de robe, haut clergé et haute bourgeoisie,

1. V. Hugo, *Napoléon-le-Petit*.

tant en province qu'à Paris. Parfois aussi, nous nous empressons de le reconnaître, quelque enfant pauvre ou roturier, grâce à d'heureux hasards ou à des facultés exceptionnelles, forçait les portes des collèges et, soit à la faveur de quelque protection princière, soit à cause de ses propres mérites, il participait aux bénéfices de cette instruction supérieure : tels Ramus, Molière, Rollin.

Le but que l'enseignement poursuivait avec tous ces jeunes gens, dont l'immense majorité était une aristocratie de naissance et d'argent, c'était d'en faire des « honnêtes gens », dans l'acception classique du mot, ou si l'on veut, des hommes *comme il faut,* capables de remplir dignement les places qu'ils tiendraient du roi ou de figurer sans désavantage dans les bonnes compagnies de la « cour » ou de la « ville ».

L'étude des lettres était à cet égard une merveilleuse préparation pour l'esprit. C'est elles qui l'initiaient, par une longue et délicate culture, à la justesse, à l'élégance distinguée des pensées, au sentiment fin et délié des nuances ; qui préparaient ainsi du sel à la conversation et un charme singulier aux relations de la société française. Concurremment avec l'organisation sociale elle-même, elles contribuèrent, dans une inappréciable mesure, à former ce monde aimable dont la grâce à la fois et l'effort fut la politesse. Et s'il arrivait que leur semence tombât dans un terrain fécond, elles donnaient les Corneille, les Boileau ou les La Bruyère.

Toutefois, dans la pensée même des maîtres, elles ne devaient occuper qu'une situation subalterne ; elles n'étaient pas les véritables éducatrices.

La pédagogie devait avoir et avait en effet un principe. Pour tout critique impartial, qui consentira seulement à reconnaître une aveuglante vérité, ce principe n'est pas difficile à découvrir : c'est la religion.

Regardez l'ancienne France : tous les corps enseignants y ont un caractère religieux. Les Jésuites, les Oratoriens, les Frères de la doctrine chrétienne, les Ursulines, dont le nom se présente à la mémoire, ne sont que les plus illustres parmi les nombreuses congrégations de cette nature dont le souvenir a sombré. Le plus laïque des couvents de filles est sans doute encore la maison de Saint-Cyr, dirigée par l'ardente piété de Mme de Maintenon, d'après des idées empruntées en grande partie à l'inspiration d'un prêtre, celle de Fénelon. Les meilleurs pédagogues du XVIIe siècle en sont, si je puis dire, les plus farouches chrétiens : les solitaires de Port-Royal. D'ailleurs l'Université elle-même en ceci ne se sépare nullement de ses émules cléricaux. Rollin ramène à la religion tout l'effort de l'éducation, et il exige la collaboration de tous les maîtres à cette œuvre supérieure : ce qui est parfaitement logique, comme le remarque M. Compayré [1], à une époque où l'unité de la foi n'était pas sérieusement contestée et où l'on ramenait tout à la religion et à une certaine religion. Grimm aperçoit encore partout à son époque les traces de l'esprit chrétien et monacal ; et d'après Guyton de Morveau [2], il semblerait qu'à la manière dont on élève les enfants indifféremment, l'éducation

1. Gabriel Compayré, *Hist. des doctrines d'éducation en France*. I, p. 439

2. Cités par M. A. Duruy, *Revue des Deux-Mondes*, 15 avril 1881.

des collèges n'ait d'autre méthode que celle qui conduit à faire des prêtres et des théologiens. Que ces deux derniers témoignages ne soient pas impartiaux, venant d'ennemis de l'ancien régime, peu importe. Ils nous apprennent justement ce que les hommes nouveaux trouvaient à reprendre dans l'ancienne éducation et comment ce qui avait pu en paraître le mérite aux yeux de leurs pères commençait à devenir pour eux un vice impardonnable.

Même état moral de l'enseignement primaire. Nous avons déjà marqué la situation profondément dépendante du magister par rapport au service de l'église, c'est-à-dire la dépendance de l'école par rapport au curé. Les conciles et la jurisprudence défendaient aux magistrats séculiers des villes de connaître de ce qui concernait les petites écoles, et en déféraient la direction aux évêques, curés et autres personnes ecclésiastiques. Les officiers municipaux ne pouvaient établir aucun maître sans approbation par écrit de l'évêque, dans les lieux même où les gages étaient payés par les habitants. Dans les petits endroits, c'était à l'approbation du curé qu'il fallait avoir recours. En revanche, les évêques et les archidiacres avaient droit d'inspection des écoles et de révocation des maîtres, même en d'autres temps que dans le cours de leurs visites. On ne saurait imaginer un arbitraire ecclésiastique plus absolu. « D'ailleurs, dit M. Albert Duruy [1], l'école avait toujours » été confessionnelle ; c'était même, à vrai dire, le » seul côté par où la royauté ou le clergé s'intéres» saient à elle. » Son but était surtout de mettre l'enfant

1. *Revue des Deux-Mondes*, 15 sept. 1881, p. 377.

en état de faire sa première communion ; c'est-à-dire qu'elle se proposait de former un chrétien, tout comme l'enseignement secondaire.

Mais tandis que, dans l'enseignement secondaire, l'éducation chrétienne devait s'accommoder d'un choix d'auteurs tout profanes, la même nécessité n'existant pas dans l'enseignement primaire, le caractère des livres y était dans un accord parfait avec le but de l'éducation. On ne mettait entre les mains de l'enfant, outre l'abécédaire, que le catéchisme, la *Pensée chrétienne,* la *Petite civilité chrétienne*, des cantiques spirituels, les épîtres et évangiles, l'Ancien et le Nouveau Testament, des recueils de règles chrétiennes [1].

Il n'est donc pas exagéré de dire avec un auteur [2], que la religion est la matière fondamentale de l'enseignement et l'instrument essentiel de l'éducation sous l'ancien régime. L'esprit religieux s'impose également aux deux ordres de l'enseignement, primaire et secondaire. Il les tient tout entiers, même par les maîtres laïques, qui sont rares. Ajoutez à cela que la plupart des institutions d'instruction sont fondées et soutenues par des donations pieuses, dont l'administration financière est entre les mains du clergé.

D'autre part, et c'est par là que cette éducation religieuse est en même temps nationale, elle enseignait que tout pouvoir vient de Dieu. Les pouvoirs civils sont donc respectables et en quelque sorte au même titre que les pouvoirs religieux eux-mêmes, puisque,

1. A. Babeau, *l'École de village pendant la Révolution*, p. 102.
2. André, *Nos maîtres aujourd'hui*, I, 1.

d'une autre manière, ils ont la même source. Aussi n'y a-t-il pas alors de conflit entre l'éducation confessionnelle et la société civile ; tout au contraire. L'éducation est bien soumise à la religion, mais la religion est une religion d'État, qui se soumet les pouvoirs civils eux-mêmes ou qui les consacre encore en paraissant se soumettre à eux. C'est ainsi qu'elle proclame énergiquement tous les autres droits exercés dans la société laïque. L'éducation religieuse de l'époque se charge de préparer les jeunes esprits à cette croyance politique et de leur inculquer, en conséquence, l'obéissance à la volonté du roi. Elle forme du même coup les âmes pour le temporel et le spirituel, et sa parfaite unité est ainsi obtenue. Elle tend à réaliser dans les consciences, et par suite dans les faits, les deux termes d'une formule indivisible : une foi, un roi. Elle établit partout les liens du principe d'autorité et en met le point d'attache aussi haut que possible en Dieu. Elle élève ce principe à la dignité d'un dogme, et fort de cette dignité, le principe, à son tour, pénètre, soutient et anime tout l'ancien état social ; il en est le nerf et le moteur.

VII

COMMENT UNE PÉDAGOGIE CLÉRICALE, CELLE DES JÉSUITES, PAR EXEMPLE, POUVAIT ACCOMMODER LES LETTRES PAIENNES AVEC LE PRINCIPE DE L'AUTORITÉ CHRÉTIENNE.

La soumission, apparente ou réelle, des esprits à l'autorité de l'Église ou du roi sous l'ancien régime fut en effet remarquable. Au XVIIe siècle, les plus hardis penseurs, comme Descartes, les âmes les plus intrépides, comme Pascal, entendent expressément circonscrire les résultats de leur doctrine dans le domaine de la spéculation philosophique ou religieuse. Ils s'irriteraient contre qui voudrait hasarder des conclusions politiques ou sociales tirées de leurs propres prémisses. Ils se refusent expressément le droit de rien changer à l'ordre établi et ne reconnaissent ce droit à aucun simple mortel. Même quand ils luttent avec l'Église, ce n'est que pour établir l'excellence de leur orthodoxie et pour rendre les lumières de la vérité, dont ils se croient dépositaires, à l'autorité pour laquelle ils déclarent d'avance réserver la déférence la plus absolue.

Obtenir un tel état d'esprit ne fut point chose facile pour la pédagogie de l'enseignement secondaire pendant les derniers siècles de la monarchie française. Indépendamment d'une certaine indiscipline naturelle aux hommes les plus gouvernés, elle se heurtait à un obstacle des plus graves et des plus immédiats : son propre programme.

Nous avons vu qu'il se composait essentiellement de littérature païenne. Or, il est aisé d'apercevoir que le paganisme est, dans beaucoup de ses traits, la négation même et la contre-partie de la civilisation chrétienne. Ici le souci prédominant de la patrie céleste, là le dévouement entier à la cité terrestre ; ici la damnation de la chair, là sa déification ; ici la grâce, là le droit.

Ce qu'on apprend influe sur ce qu'on croit. Notre science filtre et se dépose dans notre conscience. L'esprit réagit sur l'âme même. Aussi, dans bien des cas, les études classiques dégagèrent-elles complètement les âmes de l'autorité du christianisme. C'est ce qu'elles firent du premier coup, à la Renaissance : elles donnèrent immédiatement les premiers libres-penseurs : Érasme, Rabelais ; et, à vrai dire, elles inauguraient ainsi le monde moderne. La civilisation purement chrétienne finit là ; l'ère moderne commence ; le mouvement de l'émancipation humaine tout entière est donné. Il y eut des temps d'arrêt, des reculs. Le XVIIe siècle en est un à ce point de vue. Mais au XVIIIe siècle, la foi baissant de nouveau, il arriva souvent que ces études, vraiment libérales ou libératrices, affranchirent la pensée de la foi. Souvent elles substituèrent dans des esprits modernes un idéal antique à l'idéal chrétien phénomène curieux et très important pour l'histoire de la Révolution. Jusqu'à ces temps-ci, elles ont gardé près de bien des gens la réputation de faire de mauvais esprits, des idéologues, des utopistes, des révolutionnaires [1].

La pédagogie des Jésuites est le chef-dœuvre d'un système destiné à les purger de tous ces éléments dangereux, à les réduire au rôle secondaire de pré-

1. Ce caractère des lettres païennes n'a pas échappé aux esprits pénétrants du clergé. Dès le commencement du christianisme, certains Pères ont protesté contre la vanité des études littéraires et signalé le péril des lectures païennes. A la Renaissance, il y eût un mouvement si spontané vers l'étude des lettres antiques que l'Église, naïvement, y prit part elle-même. On vient de voir quels dangers il y avait là pour elle, et je vais montrer comment les Jésuites se sont efforcés fort habilement de réparer une imprudence qu'on ne pouvait plus effacer. Toutefois, la rancune légitime des catholiques les plus purs contre les lettres païennes a reparu, et elle éclate parfois dans leurs écrits pédagogiques. De siècle en siècle et jusqu'à nos jours, certains prêtres ont proposé qu'on remplaçât les auteurs profanes par les Pères. De cette manière l'Église, même en instruisant, catéchiserait. Cela seul serait tout à fait logique et naturel. On ne voit pas pourquoi un prêtre ferait lire Horace. . . . .

ceptrices d'élégance pour le monde dont j'ai parlé plus haut. Elle développe, avec leur aide, toutes les facultés qui contribuent à orner l'esprit, qui le rendent souple et brillant ; elle s'adresse surtout à la mémoire et à l'imaginatton ; tous ses exercices sont de pure forme : thèmes, vers latins, amplifications écrites ou orales sur une matière donnée d'avance, imposée d'autorité. Le fond solide, historique, le monde ancien disparaît, éliminé, exprimé, ne laissant entre les mains de l'élève, comme une écorce vide, que sa langue dénaturée pour une besogne artificielle. L'esprit vivifiant est retiré ; il ne reste que la lettre ou les lettres qui tuent ? Qu'est-ce qu'elles tuent ? le caractère. Toutes les facultés qui peuvent concourir à le former sont à leur tour systématiquement étouffées. Je résume d'un mot ce procédé : jamais d'examen des choses, toujours l'arrangement des mots : Et cela même avec le moins d'appel possible à la réflexion, à l'effort personnel. Jamais on n'a poussé plus loin que les bons Pères l'art de mettre entre les mains des élèves des recueils d'élégances pour le thème, des dictionnaires commodes qui soient de véritables recueils de versions traduites ; en un mot, des travaux qui dispensent du travail. Le résidu d'effort inévitable, l'invention est mise tout entière dans une composition, c'est-à-dire dans un rapprochement de petits matériaux, dans une mosaïque d'expressions toutes faites, quand ce n'est pas de point en point une imitation de quelque morceau d'auteur. Qui ne voit ce qu'il a passé de tout cela dans les exercices de nos classes ?

Les Jansénistes, qui se partagent avec les Jésuites la pédagogie de l'enseignement secondaire avant la Révolution, sont au prix de ces derniers de bien excellents professeurs et de bien pauvres politiques. Contrairement à leurs émules, ils mettent en jeu, le plus qu'ils peuvent, la raison, le jugement de l'élève. Ils cultivent si bien ses facultés intellectuelles, qu'ils font éclore en lui une personne morale, un homme qui critique, conçoit pour son propre compte, propose des thèses nouvelles, et qui allie, pour les soutenir, la rigueur de la logique et la chaleur de la croyance, parce que sa propre conviction est le ressort de sa rhétorique, son âme le ferment de son esprit. Principes admirables, mais alors déplacés ! Que voulez-vous que fasse la raison et la discussion dans un monde qui repose sur la foi et l'obéissance ? Aussi leur œuvre échoue-t-elle sur tous les points. Dans l'ordre religieux, ils donnent les Pascal, qui ne savent comment détruire leur raison par leur raison même ; les Arnauld, qui s'obstinent à ne pas rejeter l'autorité qui les condamne. Dans l'ordre politique, ils font les Parlementaires : demi-sujets, demi-citoyens, qui combattent la royauté sous prétexte de la mieux servir, et qui, supprimés par l'ancien régime qu'ils désirent conserver, répudient le nouveau qu'ils préparent ; écrasés entre les deux mondes, parce qu'ils veulent appliquer leur principe d'examen à l'ancien qui le repousse et ne veulent pas reconnaître le monde nouveau, qui est la conséquence de ce principe même.

En fait et en droit, la pédagogie des Jansénistes est donc caduque sous l'ancien régime. Il faudra venir jusqu'à nos jours pour qu'on y reprenne ce qu'elle a d'excellent. Celle des Jésuites est au contraire dans un accord intime et profond avec l'état de choses pour lequel elle est inventée. La démonstration la plus éclatante de cette vérité, c'est qu'elle leur survit. Condamnés par le Parlement, chassés par le roi, supprimés par le pape, dépouillés de leurs maisons d'éducation dont l'Université, imbue de jansénisme, recueille la succession, la pédagogie dont on peut les considérer comme les représentants les plus accomplis avait déjà conquis en somme leurs vainqueurs mêmes, sans que ceux-ci s'en soient doutés. Rien ne ressemble plus à la rhétorique d'un collège de Jésuites qu'une classe de rhétorique décrite par Rollin. Rollin est pourtant un bon gallican, fort épris de Port-Royal. Et son enseignement littéraire se rapproche bien davantage de celui de ses ennemis que de la méthode substantielle, historique, philologique et critique des « petites écoles [1] ». Les Jésuites une fois proscrits, leurs proscripteurs, d'une morale plus pure sans doute, mais d'une vue plus courte, et ne sachant bien ce qu'ils font, continuent la tradition de la phraséologie latine et des exercices vides, avec leur bruit de mots d'autant plus sonores qu'ils sont plus creux.

Une pédagogie semi-jésuitique arrive ainsi jusqu'à la Révolution, et la traverse obscurément, réservée à l'éclat d'un triomphe nouveau. N'est-ce pas elle dont Napoléon fit la « grande maîtresse » de son université impériale, en la galvanisant de militarisme? Où serait-il allé la reprendre, si elle n'avait, pauvre honteuse, survécu? Avec son instinct de despote et malgré sa défiance des « idéologues », il sentit qu'elle

1. On appelait ainsi les écoles jansénistes de Port-Royal, peut-être à cause du petit nombre d'élèves qu'elles admettaient.

serait encore moins dangereuse pour lui que les germes d'éducation répandus par la Convention. Il étouffa ceux-ci et restaura celle-là. Elle avait donné des sujets au roi, sacré par l'archevêque dans la cathédrale de Reims ; elle en donnerait sans doute encore à l'empereur, sacré par le pape dans Notre-Dame de Paris. Elle était bien, en effet, une machine sociale propre à produire des sujets chrétiens.

VIII

LA RÉVOLUTION, APPORTANT LE PRINCIPE NOUVEAU DE LA LIBERTÉ, DEVAIT RÉVOLUTIONNER LA PÉDAGOGIE FONDÉE SUR L'ANCIEN PRINCIPE D'AUTORITÉ.

La Révolution ne voulait plus de sujets. Par elle, le sujet passait citoyen. L'homme n'attendait plus sa loi d'un pouvoir hiérarchique, s'imposant à lui de droit divin. C'était diamétralement le contraire : tout pouvoir venait de lui, venait d'en bas. Les institutions n'étaient plus, comme autrefois, antérieures et supérieures au consentement des hommes qu'elles devaient régir. Elles n'étaient plus des cadres faits d'avance, des moules que les générations, ainsi qu'une matière, devaient venir remplir, bon gré mal gré, qu'elles s'y sentissent ou non à l'étroit : celui-ci serf encore, celui-là se courbant pour entrer sous le joug de la jurande et de la maîtrise, chacun incrusté dans une caste, tous prédestinés à toujours appartenir au roi. La Révolution brisait le roi, la caste, la maîtrise, le servage. Elle supprimait les institutions qui s'étaient subordonné les hommes : l'homme désormais se subordonnait l'institution. Il en avait été la chose, le moyen ; il voulut qu'elle devînt son moyen, sa chose, et se faire lui-même sa place, avec ses ressources personnelles. Plus de limites à l'indépendance de chacun, que le salut de l'indépendance inviolable et inaliénable de tous ; en un mot, affranchissement de l'individu.

Ne voit-on pas éclater dans ce seul mot la raison déjà suffisante d'une rupture entre la Révolution et la pédagogie ancienne? La Révolution n'avait que faire d'une éducation fondée sur l'unique principe d'autorité et dont la maxime essentielle était l'obéissance, puisqu'elle appelait l'homme à vouloir et à commander ; puisqu'elle l'invitait à conserver sa volonté, même en obéissant, c'est-à-dire à la soumettre quand il le fallait, mais à ne jamais l'abdiquer, puisqu'elle substituait au principe d'autorité le principe de liberté. Elle n'avait que faire non plus d'une instruction qui avait appris aux anciens Français à discuter un peu, à obéir beaucoup et à rire eux-mêmes spirituellement de leur servitude ; car bien imaginer et bien servir, ne sont-ce pas là les brillantes qualités de l'ancien Français? Ce qu'elle demandait au nouveau, en supprimant la servitude, c'était de bien savoir et de bien vouloir. Ne fallait-il pas qu'elle cherchât à réaliser de nouvelles fins par une nouvelle méthode, et tout au moins qu'elle se détournât de la vieille pédagogie, qu'elle en inaugurât une nouvelle?

Sur ce point, pas de doute. Tout gouvernement, à moins d'être découragé, cherche à réaliser ses propres conditions d'existence. Il veut vivre et durer. Et quel espoir de durée pourrait-il concevoir, si les jeunes générations qui demain seront le peuple, arrivent à l'âge d'hommes avec des aspirations ou des convictions contraires à celles qu'il représente? Dès longtemps, les penseurs se sont aperçus qu'il y a, à cause de cela, un rapport nécessaire entre la forme d'un gouvernement et la pédagogie qu'il tend à faire prévaloir. Helvétius avait remarqué dans son livre de *l'Esprit*, en 1758, que des changements considérables dans l'éducation publique sont inséparables des changements de la constitution des États ; et bien avant lui, Aristote[1] attribue précisément la chute de la plupart des États à ce qu'on a négligé de conformer l'éducation nationale au principe de la constitution.

La Révolution se donna garde de tomber dans cette faute. Elle fit les derniers efforts pour établir une pédagogie conforme à son principe. C'était naturel et légitime. On peut contester la légitimité de la Révolution même ; c'est une opinion que je ne partage pas, mais que je comprends. Sans avoir à la discuter ici, je puis dire que je la considère comme erronée, mais du moins soutenable par des principes logiques et conséquents avec leurs conclusions. Mais dès qu'on admet la Révolution en droit, dès qu'on en part seulement comme d'un fait donné, il devient absolument absurde et contradictoire de contester la légitimité de son effort pour se donner une pédagogie révolutionnaire. Il est puéril de lui reprocher, étant la Révolution, d'avoir révolutionné la pédagogie.

La question se ramène donc à savoir si la Révolution pouvait espérer raisonnablement de révolutionner la pédagogie à l'aide des institutions que lui léguait le passé et dont l'âme, nous l'avons montré, était la religion. Pour résoudre ce problème, déter-

1. Aristote, *Politiq.*, VIII.

minons par le raisonnement et l'observation quelles étaient nécessairement les conséquences pédagogiques du principe de la liberté, c'est-à-dire quelle sorte d'éducation était impliquée par la nouvelle constitution de l'État. Ensuite nous verrons si cette éducation nouvelle pouvait se dégager de l'ancien système religieux d'instruction publique.

IX

LE PRINCIPE SOCIAL DE LA LIBERTÉ INDIVIDUELLE IMPLIQUE LE BONHEUR COMME FIN ET LA SCIENCE COMME MOYEN.

A l'individu affranchi, que promet la Révolution ? La déclaration des droits de l'homme le dit expressément : c'est le bonheur. Non le bonheur dans une autre vie, acheté au prix de celle-ci, mais le bonheur actuel et terrestre. Il est vrai qu'un tel bonheur ne saurait être absolu ni éternel, comme celui que le fidèle espère dans le paradis ; mais participant de la nature des choses humaines, c'est-à-dire relatif et passager. Il est moins parfait, mais aussi plus probable ; moins durable, mais plus prochain. Tel quel, l'homme le demande immédiatement à la nature. Le monde lui est ouvert et offert comme un bien commun, comme une patrie où chacun peut revendiquer sa part légitime d'action et de satisfaction.

Séduisante, mais périlleuse aventure ! car le monde, pour qui lui demande le véritable secret de la vie, est une énigme difficile et redoutable. Il ne garde ses biens, comme des fruits précieux, qu'à ceux qui sauront les trouver et les cueillir. Poursuite ardente ! où il ne faut pas compter seulement avec les difficultés de l'entreprise, mais avec les convoitises des autres hommes. La liberté, qui affranchit l'individu, lui enlève d'abord ses tutelles en même temps que ses entraves. Elle ouvre l'ère du mérite, mais par là même celle de la concurrence. Elle rend possibles pour tous la dignité et le bonheur, mais laisse à chacun le soin de se les assurer par ses propres efforts vis-à-vis des hommes et des choses.

Le premier devoir de l'éducation, c'est donc d'émanciper, de développer et de fortifier l'individu. Il faut qu'elle fasse de chacun tout ce qu'il peut être. Si le principe du gouvernement et de la constitution est la liberté, chacun des enfants de la patrie a le droit de demander à l'éducation de l'État qu'elle mette effectivement en liberté et en jeu toutes les énergies de sa nature pour lui permettre de prendre part au concours de la vie avec tous les avantages. Ce sera à lui de faire le reste.

Si, d'autre part, le principe de la constitution appelle les individus à déployer leurs énergies dans le sens du bonheur terrestre, il est est clair que l'instruction devra renseigner l'homme sur les choses de la terre, sur les lois du monde où il est invité à agir, sur les rapports exacts des choses et des êtres entre eux, en un mot sur les relations vraies de la nature et de l'esprit. C'est dire que l'instruction devra avoir la réalité pour fonds et la science pour effet.

La Révolution l'a parfaitement senti. Elle ne pouvait plus s'accommoder du tout de l'ancien système d'instruction, dont le fonds résidait essentiellement dans l'apprentissage du vocabulaire, dont les exercices consistaient dans le maniement arbitraire des mots, qui développait ainsi l'imagination et le goût, contribuant à former cette chose aimable et respectable d'ailleurs qu'on appelait « l'honnête homme » mais qui, en fin de compte, ne renseignait pas l'individu sur le milieu réel et actuel où il allait vivre. Cela avait eu son temps quand l'instruction avait été conçue comme l'ornement mondain, parfois aussi dangereux que profitable, d'une âme religieuse, dévouée à son salut et s'en remettant toujours enfin aux pouvoirs établis de Dieu pour arranger les choses de la terre.

Maintenant il fallait des esprits indépendants, capables de vouloir et d'agir, mais informés à cause de cela même de ce que la nature des choses leur permettait de désirer et de faire. Il fallait une instruction qui les mît en contact avec l'impassible réalité. En l'étreignant de près, l'esprit s'assouplit et se fortifie. Il s'arrête d'abord sur les faits substantiels, sur les phénomènes tangibles. Il y prend la notion des lois rigoureusement immuables auxquelles il lui faut soumettre sa volonté sereine et résignée. Mais il y puise aussi la conscience des énergiques pouvoirs à l'aide desquels il peut leur arracher le secret de sa félicité et de sa grandeur. L'ancien régime avait demandé aux lettres de lui donner l'honnête homme; la Révolution demandait à la science de lui donner l'homme fort.

Aussi bien, le moment appelait et favorisait ce premier essai de révolutionner la pédagogie par la science. Le temps n'était plus où celle-ci, bégayante encore, pleine d'erreurs, s'ignorant elle-même, ne pouvait avoir la prétention de se faire enseigner. Le XVIIIe siècle avait fait, par l'Encyclopédie, la plus vaste enquête scientifique que l'humanité ait jamais instituée. L'inquiétude de l'ancien régime et l'enthousiasme de l'opinion devant l'entreprise avaient révélé l'alliance qui existait entre la science et la philosophie, c'est-à-dire les nouveaux principes ; l'esprit public avait été pénétré par le sentiment d'un accord naturel entre la science et la liberté et s'attendait à ce que la science exerçât une influence pour l'établissement et la consolidation d'un régime libre. Voltaire avait, avec un instinct admirable, passionné tout le monde pour la physique de Newton. La France elle-même produisait une incomparable moisson de savants : Lavoisier, qui fondait la chimie ; Monge, qui allait fonder l'égyptologie ; Cuvier et Geoffroy Saint-Hilaire qui, par les sciences naturelles, ébauchaient l'histoire de la terre ; Lagrange et Laplace qui, par l'astronomie, reconstituaient celle du ciel ; tant d'autres moins grands, non moins dévoués. La Révolution les donna pour instituteurs à ses enfants. Dotés par elle de la liberté, elle demanda à ses maîtres de les armer de la science. Le jeune citoyen devait ainsi marcher au combat de l'existence, couvert, comme d'une armure, par l'expérience même de l'humanité.

X

LE PRINCIPE DU BONHEUR INDIVIDUEL IMPLIQUE, COMME COMPLÉMENT ET COMME CORRECTIF, L'AMOUR DE L'HUMANITÉ ET DE LA PATRIE AVEC L'HISTOIRE COMME INITIATION.

Qu'on n'aille pas conclure d'ailleurs que de l'affranchissement de l'individu et de son armement en guerre par une éducation scientifique dût résulter une épouvantable lutte d'appétits, une féroce mêlée d'instincts ennemis et impitoyables. C'est un reproche qu'on a fait à la Révolution d'avoir moins affranchi l'individu que de l'avoir déchaîné. Combien serait-elle encore plus coupable, si son enseignement n'avait eu d'autre effet que de mettre des forces et des armes au service de l'égoïsme ! Mais il n'en devait pas être ainsi d'après elle.

Son principe est de développer tout l'homme ; et il s'en faut de plus de moitié que l'égoïsme occupe à lui seul l'âme humaine. A côté et au-dessus des instincts qui président à notre conservation personnelle, qui nous rappellent à la sauvegarde de notre dignité, qui nous poussent à élargir de plus en plus notre sphère de pouvoir dans le monde, il en est d'autres plus nobles, plus purs et plus véritablement humains qui nous conseillent constamment le sacrifice, qui nous avertissent qu'il n'y a de bonheur profond et solide que dans le respect du devoir et l'amour du dévouement. Toutes les énergies que l'éducation suscite dans l'individu, elle doit tendre à ce qu'il mette son plaisir et sa jouissance suprême à les employer au bien d'autrui. L'homme n'est que trop exposé à se méprendre et à chercher grossièrement le bonheur dans la satisfaction immédiate de ses penchants égoïstes les plus brutaux. Il n'est pas superflu que l'éducation nationale vienne au secours de l'éducation privée et des enseignements de la nature et de la vie. Il était dans la logique de la Révolution, qui ne faisait plus appel à la religion pour réprimer les écarts de l'égoïsme individuel, de cultiver de toutes ses forces les facultés sympathiques et sociales de la nature humaine, de fortifier de toutes manières dans l'individu l'esprit de société.

Elle eut de cette vérité une conscience remarquablement claire. Elle s'efforça de rendre l'homme aimable et respectable pour l'homme. Elle eut des fêtes pour tous les âges de la vie, depuis l'enfant jusqu'au vieillard ; pour toutes les institutions qu'elle sanctionnait ; elle y fit place à tous et à toutes, avec une touchante ouverture de cœur. Elle tendait ainsi à propager et à animer une morale qui reposât, non sur l'amour de Dieu, mais de l'humanité.

Il ne s'agit d'ailleurs nullement ici de ce vague amour de l'humanité, de cet humanitarisme utopique, de cette philanthropie platonique qui embrasse tous les hommes dans une sympathie aussi cosmopolite qu'inefficace, et qui laisse une si belle place dans les âmes au scepticisme, à l'indifférence, au reniement du devoir, à un égoïsme de dilettante et de blasé. La Révolution a l'amour de l'humanité, en ce sens qu'elle a foi dans l'homme. Ses fêtes sont celles de l'humanité, parce que tout cœur libre et sympathique peut s'y associer, et que le principe de liberté et d'amour qui les inspire en fait une agape où tous les hommes pourront communier un jour. Mais ses fêtes et son éducation sont tout d'abord et rigoureusement nationales. L'enfant apprend la constitution, l'homme la discute et l'applique, tous s'exaltent à l'envi dans le patriotisme le plus ardent, le plus héroïque et le plus parfaitement français qui se puisse concevoir. L'Europe coalisée en apprit quelque chose.

Les lettres classiques, qui ne contribuaient guère dans la pédagogie ancienne qu'à la culture de l'esprit et presque pas à la connaissance du milieu actuel, pouvaient parfaitement être reprises par la pédagogie révolutionnaire, scientifique, nationale, sans contradiction aucune de sa part, à condition qu'elle les fît concourir à son double but : la connaissance du monde présent, la culture du cœur et des facultés de dévouement. Pour cela, il suffisait de les considérer comme une initiation à la vie actuelle et d'y rechercher, en faveur des sentiments désintéressés de notre nature, l'autorité des exemples et le témoignage de l'histoire.

La culture littéraire devait bien perdre à cela quelque chose de ce caractère désintéressé, supérieur et purement esthétique qui avait été le sien. A devenir utile, il semble qu'elle devînt moins noble et moins aristocratique. Cela est vrai, et c'est justement pour cela que, sous cette nouvelle forme, elle convenait mieux à une société désormais démocratique. En dégageant de l'histoire des hommes un enseignement pratique et profitable, elle s'adressait à tous ; elle renouait l'humanité passée à l'humanité présente, sans distinction de classes, et ne permettait plus que l'héritage du génie des siècles fût l'apanage de quelques privilégiés. Ne pourrait-on pas dire qu'ainsi la pédagogie révolutionnaire trouvait le moyen de rendre plus largement et plus profondément humaines ces études littéraires, qu'on avait si justement appelées les humanités ?

XI

UNE PÉDAGOGIE CLÉRICALE NE PEUT ENSEIGNER FRANCHEMENT NI L'HISTOIRE NI LA SCIENCE.

L'examen le plus superficiel suffit pour se convaincre de cette vérité : c'est que la Révolution ne pouvait sans folie attendre un enseignement littéraire de cette nature d'un personnel imbu d'esprit religieux. On ne se représente pas trop comment des catholiques fervents et conséquents avec leur foi, des prêtres pour la plupart, s'enthousiasmeraient pour les vertus païennes, se referaient citoyens des républiques antiques et initieraient volontiers de jeunes âmes à une civilisation dont j'ai montré plus haut l'antagonisme avec les principes chrétiens. J'ai dit l'effort que la religion avait fait pour purger de paganisme les lettres païennes. Mais du jour où la Révolution demandait que l'enseignement littéraire atteignît désormais le fond des choses et l'acceptât, il devenait impossible, dans un avenir plus ou moins prochain, que cet enseignement fût dispensé par un personnel clérical. Quelle apparence que de tels maîtres allassent justement chercher dans les classiques anciens et dans l'histoire des arguments favorables au monde révolutionnaire, des sentiments conformes à ceux dont il était animé ?

D'ailleurs le sens de l'histoire échappe en grande partie à l'esprit clérical. Occupé surtout de la vérité révélée, en dehors de laquelle il n'y a pour lui que des erreurs de l'humanité, il n'aperçoit pas bien ce que le récit de ces prétendues erreurs peut avoir d'intéressant et d'instructif en soi. L'histoire ne prend de signification pour lui qu'autant qu'il la rapporte, bon gré malgré, comme Bossuet, à la religion. Il la fausse donc, ou l'enseigne peu ou point. Nous avons vu que c'était le cas dans l'ancienne organisation des études.

Encore moins enseigne-t-il la science. Celle-ci suppose qu'on ne tient pas le monde pour une illusion ni la vie pour une vanité, qu'on prend intérêt à la nature, qu'on s'y attache et qu'on s'y veut « enfoncer[1] », se livrant à elle pour en connaître les lois et pour la posséder. Elle implique en un mot une philosophie du bonheur actuel et permis, comme celle de la Révolution, qui cherche sur la terre elle-même les raisons d'y accepter et d'y aimer l'existence.

La religion ne conseille au contraire rien tant que de s'en détacher. Le véritable fidèle ne considère sa demeure ici-bas que comme une misérable hôtellerie d'un jour, toute semée de pièges, dont il serait inutile et imprudent de chercher à prendre une connaissance approfondie. Ce n'est pas d'elle qu'il attend le bonheur, mais du séjour où il entrera quand il l'aura quittée et où il commencera vraiment de vivre. Jusque-là, il n'y aurait pour lui dans le monde que séduction décevante et distraction funeste. Il y renonce, comme à une vanité. Renoncement est sa devise.

Il n'y a même pas de raison pour que le fidèle ne soit pas un parfait ignorant ; il y courrait moins de risques. « Heureux les simples d'esprit ! » Ce qu'il importe seulement d'apprendre, c'est la religion. Aussi avons-nous vu que l'école primaire du XVIIIe siècle ne dispensait guère d'autre instruction que l'instruction religieuse ; et que l'enseignement secondaire, obligé de faire une place un peu plus large dans ses cadres à l'instruction proprement dite, tendait à lui donner le caractère d'un jeu d'esprit dont le profit fût encore pour la religion. Jamais une pédagogie religieuse livrée à elle-même n'aurait eu la pensée d'aller prendre la science pour programme.

1. L'expression est de Mme Périer, sœur de Pascal, à propos d'une période de la vie de son frère où il « alla dans le monde ».

Aurait-elle pu du moins accepter ce programme sous l'empire d'une influence extérieure, celle de l'État par exemple ? Aurait-elle pu l'accueillir des mains de la Révolution ? A ne consulter que le passé, il était déjà permis d'en douter. Toutes les fois que la religion et la science se sont rencontrées, elles n'ont jamais pu s'accommoder l'une de l'autre. L'histoire est pleine de leurs démêlés. La condamnation de Galilée n'en est que l'épisode le plus célèbre. Le mouvement scientifique et critique depuis la Renaissance est presque exclusivement libre-penseur et demeure suspect à l'Église, le plus souvent anathématisé par elle.

La Révolution ne devait donc guère songer à demander son enseignement scientifique aux institutions cléricales qu'elle trouvait en activité ; et ces institutions, comme on l'a vu par la déclaration du recteur de l'Université, ne lui offrirent pas du tout ce dont elle avait besoin. J'ajoute qu'elles ne pouvaient pas le lui offrir. Si la religion tend à exclure la science de tous les domaines où elle règne, ce n'est pas seulement parce que les investigations et les découvertes des savants peuvent, à chaque instant, mettre le dogme en péril. Le véritable antagonisme de la science et de la religion, ce qui les rend en quelque sorte irréconciliables, ce sont les méthodes.

La religion fait appel à la foi ; la science invoque le libre examen. Et quoi de plus radicalement opposé que ces deux procédés ? *Croire* sur parole, en faisant abstraction de sa raison parce que les choses qu'il faut croire sont irrationnelles ; et d'autre part, *savoir*, grâce à l'effort de la raison, ne se reposer que dans la conquête d'une vérité contrôlée et reconnue exemple de contradictions : cela constitue deux systèmes essentiellement ennemis, donnant aux sociétés et aux institutions qu'ils régissent des caractères différents de tous points. Si l'on veut bien examiner les idées et les croyances qu'implique chacun de ces deux procédés, on s'apercevra qu'il serait plus facile de concilier l'eau et le feu.

Par le libre examen, la science proclame sa confiance dans la valeur relative des facultés employées à la connaissance du monde. Non seulement elle croit que le monde extérieur est un objet digne d'être étudié, mais encore qu'il peut l'être à l'aide des procédés de notre raison, non pas infaillible, mais non pas impuissante. Elle croit en un mot à la nature, et à la nature humaine en particulier. Aussi voit-on l'enseignement scientifique institué à la suite des travaux et des ouvrages philosophiques du XVIe et du XVIIIe siècle, qui avaient réhabilité la *nature*, décriée par la religion. Rabelais, en mille passages, rétablit dans ses droits « la bonne nature, » si cruellement réprimée et contrainte par le moyen âge ; et Rousseau donne à ses revendications en faveur de « l'état de nature, » l'âpreté d'un saisissant paradoxe. Tous les autres penseurs contribuent plus ou moins directement à cette œuvre[1].

La Révolution qui sort de ce mouvement, qui en hérite et qui réalise dans les faits la conséquence de ces idées, se trouve du premier jour l'alliée naturelle de la science, ayant avec elle un principe identique dans leur commune acceptation de la nature et de

1. Par exemple d'Holbach, qui intitule son principal ouvrage : *le Système de la nature*.

l'humanité. Dès le début, elle proclame les droits de l'homme. Elle demande à la science le salut de son existence même, menacée par la guerre ; elle en reçoit de nouveaux secrets de fabrication et d'art militaire. Elle use des inventions récentes, telles que les aérostats. Elle institue une commission de savants auprès de chacune des armées de la République. Elle rend ainsi des services à la science, tout en lui en demandant elle-même d'immenses et d'immédiats. Elle fait plus : elle lui confie l'avenir et s'en remet à elle de l'éducation de ses enfants. Elle s'en rapporte à cette précieuse auxiliaire du soin de préparer et de développer les esprits libres et riches dont elle a besoin.

La foi au contraire est dans une défiance absolue de la nature humaine. S'il faut que l'homme *croie* sans juger, c'est apparemment que son jugement est mauvais, sa raison impuissante et sa nature corrompue. Telle est en effet la doctrine qu'enseigne la religion. L'humanité porte à jamais en elle le poison du péché d'Adam ; et ce poison l'aveugle. Livrée à elle-même, elle a toutes les chances du monde pour ne prêter l'oreille qu'à l'esprit d'erreur et de mensonge. Il faut que la révélation et l'autorité viennent la ramener à chaque instant dans le droit chemin, la guérir des illusions de la terre, lui rabattre son orgueil et lui rappeler qu'il n'y a de vérité que dans la foi. « Il n'y a que la foi qui sauve. »

Là est le secret de l'antipathie de l'Église pour la science. Non seulement elle la trouve inutile, mais elle la croit dangereuse à cause de sa méthode de libre examen, qui n'est qu'une des formes de la liberté et la plus essentielle de toutes. Cette perpétuelle critique est trop faite pour prédisposer et habituer l'esprit humain à l'indépendance. On ne sait jamais où l'homme s'arrêtera, quand une fois il se mêle de raisonner, de juger et de décider. Il n'y a plus de garantie qu'il ne porte jusque sur le dogme un œil interrogateur et libre. Et quoi de plus dangereux que la liberté dans un système qui considère la nature humaine comme foncièrement pervertie, pour une institution comme l'Église qui confond son autorité avec celle de Dieu ?

Aussi la liberté est-elle la grande ennemie. C'est elle que le fidèle doit abdiquer d'abord. Il doit être humble et soumis. L'acte de foi est déjà une abdication de la liberté de la raison. Le premier degré de l'initiation chrétienne, c'est le renoncement à l'esprit d'indépendance qui ne peut qu'errer, à la liberté d'action qui ne peut que pécher : c'est la soumission de fait et de cœur au dogme révélé dont l'Église est dépositaire, à la direction inspirée qu'elle dispense par ses ministres. Hors de là, pas de salut.

XII

UNE PÉDAGOGIE CLÉRICALE EST INCONCILIABLE AVEC LA CONSTITUTION D'UN ÉTAT QUI S'APPUIE SUR LA LIBERTÉ INDIVIDUELLE ET NE DONNE QUE DES LIENS NATURELS A LA SOCIÉTÉ HUMAINE.

Nous touchons de nouveau ici au fond de la question. Nous l'avons déjà atteint, quand nous avons montré que l'ancienne pédagogie était faite pour produire des sujets, dont la Révolution ne voulait plus. Nous avons établi le droit et le devoir que la Révolution avait de la changer à cause de cela. Maintenant, il est visible qu'elle ne pouvait être changée, et qu'instrument d'autorité, elle était incapable de devenir autre chose.

S'il est vrai, en effet, comme il a été prouvé plus haut, que tout le système pédagogique et administratif de l'instruction publique en France avant la Révolution était conforme au principe d'autorité et avait pour âme la religion ; s'il est vrai d'autre part que la religion catholique et traditionnelle est, de par ses dogmes les plus logiques et les plus indestructibles, en dépit même de ses ministres les plus éclairés et de ses concessions les plus bienveillantes, l'adversaire jurée de la liberté individuelle, il ressort avec l'évidence d'un théorème de mathématiques qu'un système d'instruction publique crée et animé par la religion catholique n'allait à rien moins qu'à compromettre l'œuvre essentielle et fondamentale de la Révolution : l'affranchissement de l'individu et de la personne morale par la déclaration des droits de l'homme.

En effet, c'est en vain que vous offririez des droits à qui ne s'en reconnaîtrait pas ; c'est en vain que vous donneriez la liberté politique à qui n'aurait pas la liberté morale, et celui-là ne la garde pas qui court s'en dessaisir entre les mains d'une autorité cléricale.

L'État dont la constitution a pour principe la liberté sera donc fatalement amené à supprimer, de son autorité, en dépit de la liberté et dans l'intérêt supérieur de la liberté même, toute pédagogie cléricale, parce qu'il veut l'individu libre et qu'elle l'empêcherait de l'être.

Il la supprimera aussi parce qu'à force de frapper de nullité l'acte par lequel la constitution fait les individus libres, une pédagogie cléricale détruirait un jour la constitution même de la liberté. C'est entre elles un duel à mort, qui n'admet ni arrangement ni demi-mesures, et où chacun des deux principes combat pour la vie et n'use que du droit de légitime défense en supprimant son adversaire. Le principe d'autorité, le jour où il régnerait dans toutes les âmes, ne laisserait pas subsister comme pacte fondamental de l'État le principe de liberté, qui est sa contradiction. Aussi l'esprit clérical attaque-t-il la liberté, ne l'accordant pas quand il est le maître : ne la réclamant, quand il n'a pas le pouvoir, que pour s'en servir comme d'une arme et la retourner contre les principes de la liberté même, contre la constitution qui les consacre, contre l'État qui les applique et qui les développe. Conflits de l'Église et de l'État ! luttes du pouvoir spirituel et du pouvoir temporel !

Dans ce duel de la société laïque et de la société religieuse, le parti à prendre par le fidèle ne saurait être douteux. Le salut en somme est sa seule affaire. Et d'ailleurs comment concevrait-il que le devoir pour sa patrie ne fût pas où il le met pour lui-même : dans l'obéissance à l'Église? Quand la patrie s'en écarte, c'est la meilleure manière de l'aimer que de la châtier pour la ramener dans les voies de la soumission. Voilà pourquoi l'esprit clérical et la résistance du clergé insermenté fut une des plus redoutables pierres d'achoppement que la Révolution rencontra dans sa route; voilà pourquoi tant de prêtres prirent, en sûreté de conscience, le chemin de l'étranger et ne rentrèrent qu'après la Révolution, sous le régime de l'Empire béni par le pape ou dans les fourgons de l'invasion, vengeresse du ciel et fléau de Dieu.

Est-il besoin de dire après cela que la pédagogie

révolutionnaire, à qui l'éducation religieuse ne pouvait donner ni l'histoire, ni la science, ni le ferment de la liberté, eût été bien folle d'attendre de là le dernier point essentiel de son programme : l'enseignement du respect et de l'amour de l'humanité et de la patrie ? Comment l'esprit clérical eût-il préparé les âmes à ces fêtes où l'humanité devait prendre conscience de sa dignité et de sa valeur, lui qui la considérait comme avilie, corrompue, et ne lui reconnaissait des droits qu'à une humilité profonde ? D'ailleurs l'Église n'avait-elle pas ses fêtes, son enseignement moral avec lequel toutes ces nouveautés allaient faire double emploi, et même jurer, par la disparate des principes et des sentiments ? Fallait-il lui demander de faire, ou même de laisser passer dans la pratique de l'enseignement les théories de morale laïque et purement naturelle qu'elle avait mises à l'index, proscrites, condamnées et brûlées avec tous les livres des philosophes du siècle, précurseurs de la Révolution ? Fallait-il enfin demander l'enseignement civique et patriotique à une inspiration qui poussait ses fidèles à Coblentz ?

XIII

LE RENOUVELLEMENT RADICAL DE L'INSTRUCTION PUBLIQUE S'IMPOSE A LA RÉVOLUTION D'UNE MANIÈRE INÉLUCTABLE

On m'accuse peut-être de charger le tableau, d'exagérer l'impossibilité de la réconciliation entre les anciennes institutions d'enseignement, l'ancienne organisation des études et la Révolution. N'auraient-elles pu se rapprocher progressivement de la formule pédagogique que la Révolution exigeait ? Il y avait chez les vieux maîtres français bien du dévouement à la jeunesse et à la patrie, peut-être déjà bien des lumières. Peu à peu le caractère des institutions et de l'enseignement aurait changé, et la France nouvelle se serait trouvée en possession d'une vaste organisation d'instruction publique dont l'ancienne France lui eût donné tous les éléments.

J'avoue que je ne le crois pas. M. Albert Duruy, qui n'est pourtant pas suspect de tendresse pour l'œuvre révolutionnaire, dit que « la France du XVIIIe siècle » était fort arriérée sous le rapport de la pédagogie ; » l'esprit et les formes gothiques pesaient toujours » sur elle et *s'opposaient* à toute grande réforme [1] ». Cependant un peu plus loin, il paraît admettre que cette réforme aurait dû et pu s'accomplir par l'introduction « de l'*esprit philosophique*, des sciences et de l'histoire » dans l'enseignement. Mais c'est là en trois mots ce que l'enseignement des institutions cléricales et religieuses ne pouvait jamais donner, comme j'espère l'avoir démontré, à cause de l'antipathie nécessaire de l'Église pour un tel programme. Une institution peut changer graduellement de caractère, quand il ne s'agit pour elle que de subir des modifications conciliables avec son principe. Ainsi l'autorité monarchique de droit divin a pu devenir, de féodale, despotique et absolue, parce qu'elle n'a fait ainsi que s'exagérer dans le sens de l'autorité. Elle n'a pas pu devenir révolutionnaire, parce qu'ayant été faite pour commander, il lui aurait fallu obéir. Une révolution

1. A. Duruy, *l'Instruction publique en* 1789. *Revue des Deux-Mondes* du 15 avril 1881.

dans l'ordre politique s'est trouvée nécessaire. C'en fut, me semble-t-il, une conséquence fatale qu'une révolution pédagogique, s'efforçant également d'emporter des institutions qui ne pouvaient pas devenir celles de l'avenir, attendu qu'entre l'avenir libéral et scientifique d'une part, le passé autoritaire et rhétoricien de l'autre, il y avait une opposition radicale de toutes les idées directrices.

Les faits, d'ailleurs, apportent ici une éclatante confirmation à la théorie. Dans le temps qu'elles subsistèrent sous la Révolution, on ne voit nullement que l'esprit des anciennes maisons d'éducation ait changé le moins du monde. Elles sont toujours citées par les orateurs et les écrivains révolutionnaires, qui ne paraissent pas du tout en voie de se réconcilier avec elles, comme des foyers de réaction et de contre-révolution [1]. Celles qui parvinrent à franchir tant bien que mal la tourmente révolutionnaire, se retrouvèrent, à peu de chose près, le lendemain ce qu'elles étaient la veille ; et j'ai dit comment Napoléon fut tout aise de rendre à leur pédagogie le monopole de l'éducation, pour en recevoir les mêmes services qu'elle avait autrefois rendus à la royauté.

La Révolution fit pourtant appel aux maîtres de l'ancien régime. Elle leur proposa de leur rendre leurs chaires, pourvu qu'ils acceptassent ses principes et fissent un effort pour entrer dans l'esprit des nouvelles méthodes. Elle n'eut pas à s'en féliciter. S'ils avaient des lumières, ils les mirent sous le boisseau. S'ils avaient du patriotisme, il fut sans doute dérouté et ne sut où se prendre, quand la personne

1. Voy. le Rapport de Romme, Ire partie, Ire question, etc.

du roi, qui le ralliait jadis, lui manqua. Ceux qui consentirent paraissent avoir misérablement échoué dans leur tentative ou traîné dans l'ornière d'une routine dont on sentait maintenant tout le néant. La plupart, anciens clients des prêtres, ou ecclésiastiques eux-mêmes, refusèrent le serment, ne se présentèrent même pas aux concours[1]. La Révolution leur ôta l'éducation. Fit-elle pas mieux que de les laisser dispenser chez elle une éducation qui la ruinait? Fallait-il qu'elle attendît patiemment de savoir si, par suite d'une lente influence de l'esprit du temps, cette pédagogie ne se serait pas modifiée de manière à devenir supportable? Comme si la Révolution avait eu le loisir de faire délibérément une expérience qui, au bout de plus de dix ans, s'est trouvée négative pour les établissements qui purent subsister!

En résumé, le système d'instruction publique antérieur à la Révolution était fondé sur l'esprit religieux. A cause de cela, il ne pouvait devenir et ne devint pas, en effet, conforme à l'esprit révolutionnaire. En proclamant la liberté de conscience, la Révolution se contraignait elle-même à supprimer des établissements d'éducation qui ne reposaient que sur un culte exclusif et dominateur. D'autre part, une immense aspiration du siècle et du peuple, d'où elle sortait elle-même, la pressait d'organiser un grand système d'instruction vraiment pratique et national. Les institutions chargées de distribuer l'enseignement devaient plutôt tromper cette tendance que la satisfaire. Il fallait absolument, pour y répondre, un esprit et une administration laïques. Il est donc natu-

1. Voy. Babeau, *L'École sous la Révolution*.

rel, légitime et nécessaire, selon nous, que la Révolution ait détruit les anciennes institutions cléricales et tenté d'appliquer à la France, dans sa crise, le remède héroïque d'une organisation pédagogique toute nouvelle.

Nous sommes, en effet, de ceux qui, en fait d'instruction, sont disposés à en accepter et à en dispenser quelque quantité que ce soit, et une petite à défaut d'une grande, tenant pour vérité qu'une demi-instruction vaut déjà mieux que pas d'instruction du tout. Mais il en est tout autrement de l'éducation, et nous pensons que le défaut d'éducation vaut mieux qu'une mauvaise. Je ne sais plus quel orateur de la période révolutionnaire rappelait l'anecdote de ce musicien de l'antiquité qu'on payait pour jouer de la flûte et qu'on payait double pour se taire. Tels les mauvais pédagogues, et particulièrement ceux de l'ancien régime au moment qui nous occupe. La Révolution fit bien de les faire taire et de ne pas les payer pour cela.

CHAPITRE II

Causes et symptômes.

Après avoir montré la nécessité où se trouvait, selon nous, la Révolution de détruire l'ancienne organisation des études et d'en instituer une nouvelle qui, par la science et par la morale, mît l'homme en paix avec la nature et avec lui-même, il n'entre pas dans notre plan de rechercher quels sont les ouvrages d'éducation qui ont préparé de loin cette révolution de la pédagogie. Il nous faudrait montrer ce qu'elle a dû à Pestalozzi, inspiré par Rousseau, qui reste le grand initiateur de ce mouvement dans le XVIIIe siècle. Et nous ne saurions nous en tenir là sans injustice : les autres philosophes du temps nous réclameraient leur place. A leur tour ils devraient être expliqués par leurs prédécesseurs, par leurs ancêtres logiques. Nous serions amenés ici à tracer un tableau de toutes les doctrines pédagogiques du XVIIIe siècle, et remontant à leurs origines au delà du siècle précédent, il nous faudrait analyser de notre point de vue cette époque si merveilleusement féconde de la Renaissance, où plongent visiblement, aux yeux du penseur, toutes les racines de la civilisation moderne[1].

Au fond, les causes qui ont préparé la pédagogie révolutionnaire sont celles qui ont préparé la Révolution elle-même : la connaissance de la nature par la raison.

L'homme, étouffé par les anciens dogmes et par les anciennes institutions, nia les premiers et sapa les secondes, jusqu'à ce qu'il fît une grande ruine de tout.

Il ne crut plus à sa méchanceté originelle[2], et la *conséquence pédagogique* de cette nouvelle opinion fut une éducation libérale, l'éducation négative d'*Émile*, celle qui s'en rapporte et qui s'en fie à l'expansion spontanée des facultés. La *conséquence politique*, ce fut également la revendication et l'usage de la liberté, de l'initiative dans l'État et dans l'humanité, pour chacun des êtres qui en font partie ; ce fut ce que nous avons appelé : l'affranchissement de l'individu. Autrement dit : si la nature humaine n'était pas perverse, il fallait la respecter dans l'enfance, la respecter encore dans la vie.

D'autre part, le jour où les hommes cessèrent de considérer ce monde comme un lieu d'épreuves haïs-

1. Le lecteur pourra consulter à cet égard le volume publié dans notre bibliothèque par M. Souquet, sur les pédagogues de la Renaissance : *les Écrivains pédagogues du XVIe siècle*.

2. D'après le dogme du péché originel, auquel Pascal et les principaux théologiens attachent tant d'importance, l'homme naît méchant et demeure enclin au péché. Cette doctrine n'a pas eu peu d'influence sur l'organisation pédagogique du moyen âge ; elle a sans doute armé le bras de plus d'un maître avec ces « tronçons d'osier sanglants » dont parle Montaigne. Issue d'un tel principe, l'éducation devait être correctrice et répressive.

sable et commencèrent à y voir une demeure ayant ses avantages et ses inconvénients, mais où le bonheur n'est pas un crime, ils songèrent à l'organiser le mieux possible à leur profit, pour y diminuer la somme du mal et augmenter d'autant celle de leur bien relatif. La *conséquence pédagogique* de cette doctrine, fut de tourner l'effort de l'esprit vers la connaissance des choses qui nous permet d'asservir la nature en pénétrant ses secrets. La *conséquence politique,* ce fut la révolution par laquelle les peuples — et la France plus systématiquement qu'aucun autre, — refusèrent de s'en remettre dorénavant de leur bonheur à des gouvernements sans mandat et sans contrôle, revendiquèrent, au nom du principe nouveau de liberté, le droit de pourvoir eux-mêmes à leurs intérêts et en ramenèrent l'administration dans leurs propres mains. Autrement dit : si le monde était un bien commun, il fallait apprendre à le connaître et aviser à le mieux gérer.

Une difficulté subsiste, pour le plein établissement de la nouvelle théorie sociale. Jusqu'ici les hommes avaient demandé leur lien commun, c'est-à-dire leur morale, à la religion. Mais voici que les dogmes religieux étaient de plus en plus multipliés et de plus en plus opposés les uns aux autres. Aucun ne pouvait avoir la prétention de s'imposer à personne, puisqu'on avait proclamé la liberté de conscience. Enfin il n'en était pas un qui ne pût attaquer et décrier la libre pensée. La Révolution abandonna ce champ de bataille d'opinions, devenues toutes contradictoires. Elle chercha pour les hommes un terrain d'accord et de conciliation dans les idées purement morales, inséparables de notre nature ; elle le chercha aussi dans les sentiments patriotiques que le passé avait préparés, qu'échauffaient les circonstances présentes et auxquels les citoyens s'attachaient avec force pour l'avenir, la patrie apparaissant à juste titre comme la sauvegarde des droits et du bonheur de chacun. Autrement dit : si la théologie divisait au lieu d'unir, il fallait reconstituer l'union par la nature, l'humanité et la patrie.

Nous n'envisageons ces idées, dont la genèse et l'évolution sont dans les siècles précédents, qu'au moment où elles commencent à pénétrer tous les esprits, même les médiocres et à inspirer par conséquent une foule d'ouvrages ou d'opuscules ayant plus ou moins de valeur, plus ou moins de logique, suivant les publicistes auxquels ils sont dus. Chacune de ces manifestations extérieures de la pensée commune, trouble encore mais vivace, qui circule dans l'âme de la nation, est comme un symptôme significatif des grands événements historiques qui ne peuvent manquer de suivre et des doctrines pédagogiques plus systématiques et plus complètes qui ne vont pas tarder à se faire jour.

Rien de plus curieux et de plus intéressant à cet égard que la simple liste bibliographique publiée dans le *Dictionnaire de pédagogie* et dont on ne trouverait pas, que je sache, un équivalent ailleurs. A ne la consulter que depuis la date de 1762, où parut *l'Émile*, date au delà de laquelle nous ne remonterons pas, précisément à cause de ce grand fait, et à partir de laquelle les écrivains subissant tous bon gré mal gré l'influence de Rousseau, peuvent être regardés comme les précurseurs directs de la Révolution — on y trouve l'indication d'une foule d'ouvrages dont les plus obscurs, par leurs titres seuls, en disent souvent bien long sur l'état des esprits à cette époque..

On rencontre tout d'abord LA CHALOTAIS, le fameux parlementaire qui, jetant un coup d'œil sur l'état de l'instruction publique en France, à son époque, se demande quelle est l'éducation qui doit attendre les nombreux élèves rejetés dans les établissements de l'État par la fermeture des maisons de Jésuites. Le principe est nettement posé dans le titre même de l'essai : ce doit être une éducation *nationale.* Dans un deuxième discours sur les questions pédagogiques, La Chalotais combat ce qu'il appelle le « VICIEUX *de l'institution scolastique,* » institution dont nous avons montré nous-même dans le chapitre précédent les vices et l'indestructible ténacité. Il était amené logiquement à demander que l'éducation de l'État fût une éducation laïque. Malheureusement, comme tous les parlementaires, il s'arrêtait à moitié route dans le bon chemin ; il ne voyait pas où le poussaient les conséquences dernières de ses principes ; et tout en réclamant une morale indépendante pour les classes éclairées, tout en combattant vigoureusement les Ignorantins, il décrétait dédaigneusement que le peuple devait rester dans l'ignorance.

Un autre magistrat, le président ROLLAND, n'a pas moins de défiance contre les Ignorantins ; il veut faire pénétrer partout l'action et la haute impulsion de l'État. Dans ce but on créerait des écoles normales d'hommes et de femmes où serait enseignée la pédagogie, c'est-dire où l'on enseignerait l'art d'enseigner. Peut-être n'avait-on encore jamais aperçu si nettement la valeur de la pédagogie, à titre d'art et de science spéciale ; cette vue fait le plus grand honneur à son auteur. Il demande énergiquement que la direction de l'instruction publique soit centralisée à Paris au profit de l'État, sous le contrôle de la justice. Ses tendances unitaires, tout au moins, ont été recueillies bientôt par la République déclarée une et indivisible.

Enfin, TURGOT considère comme une chose urgente de faire des citoyens, par l'enseignement des devoirs du citoyen, l'instruction civique et la morale indépendante.

Après ces grands noms, citons-en d'obscurs ; cette obscurité prouvera d'autant mieux l'extension considérable qu'avaient prise alors les idées qui vont triompher avec la Révolution.

En 1765, un certain GARNIER, professeur royal d'hébreu, publie un petit livre dont le titre est *De l'éducation civile*. La même année, un nommé MAUBERT DE GOUVEST, qui paraît avoir assez d'humour dans les idées, fait imprimer une assez longue brochure qu'il intitule : *Le temps perdu ou les écoles publiques ; considérations d'un patriote... avec l'idée d'un nouveau collège...*

En 1775, CARPENTIER, professeur de géographie et d'histoire, donne un *Nouveau plan d'éducation pour former des hommes instruits et des citoyens utiles ; suivi d'une dissertation sur l'étude des langues qu'on y doit admettre*. La domination exclusive du latin est attaquée ; une voix bien modeste encore commence à s'élever en faveur de ces langues vivantes, qui doivent trouver plus tard une si large place dans une éducation pratique.

En 1776, BORRELLY, un académicien de Berlin, suivant l'exemple de son prince, le grand Frédéric, qui n'avait pas dédaigné d'écrire en 1770 une lettre sur l'éducation, s'occupe à son tour de pédagogie et demande la « *réformation des études élémentaires* ».

En 1779, le comte DE THÉLIS, mieux avisé et plus ami du peuple que La Chalotais, propose un « *Plan d'éducation nationale en faveur des pauvres enfants de la campagne.* »

En 1783, PHILIPON DE LA MADELAINE, poursuivant un but analogue de vulgarisation de l'enseignement, donne au public ses *Vues patriotiques sur l'éducation du peuple, tant des villes que des campagnes,* avec beaucoup de notes qu'il qualifie naïvement lui-même d'*intéressantes.* La même année, le comte DE VAURÉAL, du corps royal du génie, avec une certaine hauteur de vue qui n'était pas rare à cette époque et particulièrement chez les grands seigneurs humanitaires et philanthropes, amis et protecteurs des philosophes, publie un *Plan d'éducation générale ou nationale, ou la meilleure éducation à donner aux hommes de toutes les nations.* La prétention est un peu ambitieuse, mais elle plaît par l'excès même de confiance superbe qui fut commune à cette époque et sans laquelle la fin du XVIIIe siècle n'aurait pas réalisé les prodiges qu'elle a accomplis. Le comte de Vauréal, fidèle à l'esprit généralisateur de son temps, ne sépare pas, comme on le voit, la France de l'humanité ; il pense que la meilleure éducation nationale devra être la meilleure pour toutes les nations. Il élabore ses conceptions pour l'homme abstrait et universel, tout en ayant les Français en vue et immédiatement sous les yeux. La Révolution même n'a pas fait autrement, et c'est pour cela qu'elle est humaine en même temps que nationale ; c'est pour cela qu'elle a fait le tour du monde sans cesser d'être française. Il n'y a rien d'ailleurs de bien original dans les idées du comte de Vauréal, qui s'élève à son tour contre le latin, la scolastique et voudrait remplacer l'éducation cléricale par les inspirations d'une théologie naturelle.

En 1784, un certain LESBROUSSARD. étendant moins ses vues, cherche plus modestement *les Moyens de perfectionner l'éducation en France*.

En 1785, GOSSELIN demande qu'on fasse aux femmes plus de place dans l'enseignement et vante, au détriment des Ignorantins, les instituteurs laïques et mariés.

Nous n'en finirions pas si nous voulions citer tout au long le titre des opuscules ou des ouvrages qui s'accordent à demander, avec des variantes, une éducation nationale. Énumérons dans l'ordre des dates LÉONARD BOURDON DE LA CRONIÈRE dont l'opuscule est de 1788 ; DEGRANTHE, professeur à Louis-le-Grand, dont l'opuscule est de 89 ; DE LA COUR en 90 et, dans la même année, le prêtre PARIS de l'Oratoire, et RAYMOND DE VARENNES. Le mouvement est général, il emporte même des hommes du clergé.

Nous arrêterons cette énumération en 1790, c'est-à-dire au moment où la question, après avoir passionné l'opinion publique, va continuer de s'agiter dans les délibérations parlementaires et occuper les législateurs après les publicistes. Nous ne voulons pourtant pas fermer notre liste sans recueillir encore quelques symptômes, qui nous paraissent significatifs et de nature à éclairer quelques points de la pédagogie révolutionnaire elle-même.

L'abbé GAULTIER, qui écrit en 1788 et un certain CORNILLEAU, dont la brochure est de 1790, se préoccupent également de rendre l'instruction *attrayante* pour les enfants et de faire la part du jeu dans l'enseignement. C'est un nouveau coup porté à l'ancienne méthode, qui ne savait inculquer l'instruction que par la contrainte et par les coups.

Cornilleau se rencontre avec un nommé Verlac, professeur d'anglais à l'école marine de Vannes, pour demander l'introduction des langues vivantes dans l'enseignement. Ce Verlac n'est pas mal inspiré. Il critique l'éducation dispensée jusqu'en 89, année où il publie son volume. Il demande l'instruction de tous : il veut que le programme des études comporte de l'histoire et de la géographie ; avec un sens théorique et pratique remarquable, il propose qu'on fonde une école normale et une école de commerce.

Enfin, pour que la série soit complète, un certain d'Hupay, en 1790, obéissant à ce goût des bergeries et des idylles sentimentales qui fut commun au XVIIIe siècle, propose sérieusement un *Plan d'éducation pour une vie patriarcale et champêtre, tel que l'auraient exécuté Paul et Virginie s'ils eussent vécu*. Cette invention est tout simplement admirable. Ce faux goût pour la nature avait déjà inspiré à Fontenelle de détestables églogues. C'est lui qui donna à Marie-Antoinette l'idée de faire bâtir la bergerie de Trianon, où elle menait paître de petits moutons avec des rubans roses. Mais assurément cette mode n'a rien produit de plus réjouissant que le titre de cet opuscule qui promet, avec une si étonnante naïveté, de nous apprendre comment Paul et Virginie auraient conçu une éducation champêtre, *s'ils eussent vécu !*

Voyons maintenant comment les tendances pédagogiques, dont nous venons de noter les symptômes, se sont explicitement accusées pendant la période révolutionnaire.

CHAPITRE III

Mirabeau.

Nous sommes en 1790. Depuis longtemps déjà, les résistances de la cour ont été vaincues ; une constitution a été donnée à la France, établissant tant bien que mal chez nous le mécanisme de la monarchie parlementaire. Les questions politiques les plus urgentes ont reçu une solution dont on ne soupçonne pas encore le caractère tout provisoire. On songe en différents lieux à organiser le nouveau régime et particulièrement l'éducation.

Vers la fin de l'année, l'assemblée générale de la section du Luxembourg, à Paris, demande qu'on enseigne gratuitement aux citoyens les principes de la morale et de la constitution. Le 30 mai 1791, l'assemblée générale de la section du Palais-Royal s'élève contre l'enseignement congréganiste. Nous voyons descendre ainsi dans le peuple les idées d'enseignement civique et laïque que nous rencontrions chez les philosophes, les hommes d'État et les pédagogues proprement dits pendant la période précédente. A l'Assemblée constituante elle-même, Gossin, député de Bar-le-Duc, insiste, dans une courte motion, pour obtenir l'instruction civique. Il appelait en outre l'attention sur l'importance des exercices du corps et demandait que l'on apprît les langues vivantes, de préférence aux langues mortes. Rousseau, député de Tonnerre, se préoccupait de l'éducation et de l'existence civile et politique des femmes dans la nouvelle Constitution française. Déjà l'instruction gratuite et le paiement des maîtres par l'État étaient réclamés de différents côtés.

Ce n'étaient là toutefois que des vœux incohérents. Il était inévitable qu'un homme politique s'emparât de ces aspirations et tentât de leur donner une forme pratique et en quelque sorte législative. Telle fut, en effet, la préoccupation de Mirabeau. Il n'est pas étonnant que le puissant esprit qui avait comme présidé à la naissance du régime nouveau et qui pouvait se croire appelé à l'organiser, ait préparé des projets d'éducation dont le besoin ne pouvait manquer d'être aperçu à courte échéance. On retrouva en effet dans les papiers de Mirabeau, quand il fut mort, et son médecin Cabanis publia, en 1791, quatre discours, dont le titre général était : *Travail sur l'Éducation publique.*

PREMIER DISCOURS.

Le premier discours avait pour objet *l'organisation du corps enseignant.*

Mirabeau commence par y marquer fortement la nécessité où se trouva la Révolution de détruire pour reconstruire, et répond par avance à ceux qui semblent regretter qu'on ne nous ait pas donné le nouveau régime en gardant l'ancien.

Quand les angoisses du despotisme, expirant de ses propres excès, vous ont appelés pour chercher des remèdes à tant de maux, quand la voix d'une nation tout entière, où les sages commençaient à régénérer l'opinion, vous a confié le soin d'effacer jusqu'aux moindres vestiges de son ancienne servitude, vous avez senti que les abus formaient un système dont toutes les ramifications s'entrelaçaient et s'identifiaient avec l'existence publique : que pour tout reconstruire, il fallait *tout démolir*; qu'une machine politique avait besoin, comme toutes les autres, de l'accord de ses parties, et que plus votre ouvrage serait parfait, plus le moindre vice laissé dans ses rouages pourrait intervertir ou embarrasser ses mouvements. Ainsi donc, Messieurs, avant de mettre la main à l'œuvre, vous vous êtes environnés de ruines et de décombres ; vos matériaux n'ont été que des débris : vous avez soufflé sur ces restes qui paraissaient inanimés. Tout à coup, une constitution s'organise ; déjà ses ressorts déploient une force active ; la monarchie française recommence ; le cadavre qu'a touché la liberté se lève et ressent une vie nouvelle.

Il a le vif sentiment de l'universalité de la Révolution française :

La restitution des droits de la nature humaine, le germe impérissable du salut et de la félicité de l'espèce entière : tels sont les biens que vous devront, et tous les climats du globe et tous les siècles à venir.

Il s'agit maintenant de préparer les générations futures à recueillir et à continuer l'œuvre de progrès si glorieusement ébauchée par la main de l'Assemblée Constituante :

C'est vous, Messieurs, qui chercherez le moyen d'élever promptement les âmes au niveau de votre Constitution et de combler l'intervalle immense qu'elle a mis tout à coup entre l'état des choses et celui des habitudes. Ce moyen n'est autre qu'un bon système d'éducation publique : par lui, votre édifice devient éternel ; sans lui, l'anarchie et le despotisme, qui se donnent secrètement la main, n'auraient peut-être pas de longs efforts à faire pour en renverser toutes les colonnes.

Et plus loin :

C'est d'une bonne éducation publique seulement que vous devez attendre ce complément de régénération qui fondera le bonheur du peuple sur ses vertus, et ses vertus sur ses lumières.

Quelle sera cette éducation? Le passé ne nous en propose pas de modèles. Mirabeau, en critiquant les anciens, me paraît avoir la secrète pensée d'atteindre la pédagogie chrétienne, inspirée par la doctrine du péché originel :

Les législateurs anciens cherchaient tous à donner à leurs peuples une tournure particulière, et ne prétendaient souvent à rien moins qu'à les *dénaturer*, pour ainsi dire, et à leur faire prendre des habitudes destructives de toutes nos dispositions *originelles*.

La pédagogie nouvelle doit être celle de la liberté. C'est ici qu'est posé, avec un véritable sens philosophique, ce problème dont notre temps n'a pas encore trouvé le mot : le conseil supérieur et le pouvoir central de la nation peuvent-ils faire intervenir leur autorité, lorsque le but à atteindre est précisément la liberté.

Quant à vous, Messieurs, vous n'avez pas d'opinions favorites à répandre ; vous n'avez aucune vue particulière à remplir, votre objet unique est de rendre à l'homme l'usage de toutes ses facultés, de le faire jouir de tous ses droits, de faire naître l'existence publique de toutes les existences individuelles librement développées et la volonté générale de toutes les volontés privées, constantes ou variables, suivant qu'il plaira aux circonstances.

Ainsi, c'est peut-être un problème de savoir si les législateurs français doivent s'occuper de l'éducation publique.

Comme la plupart des hommes de gouvernement, Mirabeau

répond que, sans cette haute intervention de l'autorité nationale, c'est la liberté même qui est en péril :

Dans les circonstances actuelles, si l'éducation n'était pas dirigée d'après des vues nationales, il pourrait en résulter plusieurs inconvénients graves et menaçants pour la liberté.

Il y a une réforme à faire :

Mais quelles sont les vues fondamentales d'après lequelles on doit se conduire dans cette réforme ?

La première, et peut-être la plus importante de toutes, est de ne soumettre les collèges et les académies qu'aux magistrats qui représentent véritablement le peuple. En conséquence, les académies et les collèges doivent être mis entre les mains des départements ; et je crois utile de les reconstituer sous des formes nouvelles, ne fût-ce que pour les avertir qu'ils n'appartiennent plus au même régime.

Après tout cet excellent début, nous allons voir dans Mirabeau le représentant d'un parti qui, de lui-même, s'arrête à mi-chemin du progrès.

L'instruction primaire ne devra pas être gratuite, et comme les bourses ne seront données qu'aux élèves qui se seront déjà distingués, il y a apparence que, dans l'esprit de Mirabeau, ce ne sera ni le droit ni le devoir de tous les citoyens d'envoyer leurs enfants à l'école.

Il ne faut point de bourses pour les premières études, et elles doivent toujours être le prix de quelque succès.

Au premier coup d'œil, on peut croire l'éducation gratuite nécessaire au progrès des lumières, mais en y réfléchissant mieux, on voit, comme je l'ai dit, que le maître qui reçoit un salaire est bien plus intéressé à perfectionner sa méthode d'enseignement.

Il est inutile de discuter une opinion aussi sévèrement condamnée par les faits. L'instruction ne sera pas non plus absolument laïque, bien que Mirabeau se défie de l'enseignement clérical :

Sans rejeter entièrement les congrégations qui, sans doute, ont, à certains égards, plusieurs avantages, je voudrais les voir employer avec ménagement ; je voudrais qu'on se mît en garde contre l'esprit de corps dont elles ne seront jamais exemptes.

Venant à la question du programme, notre auteur croit que l'Assemblée ne doit l'aborder qu'avec discrétion :

Faudra-t-il que l'Assemblée nationale discute et trace les plans d'enseignement ? Des méthodes pour toutes les sciences qui peuvent être enseignées, seraient-elles un ouvrage de sa compétence ? Non, sans doute.

Le tort de Mirabeau est ici de ne pas indiquer à qui incomberait une telle besogne, de croire même qu'il est interdit à l'État de l'aborder. Il est cependant impossible de *diriger*, comme il l'a demandé lui-même plus haut, l'éducation par des « vues nationales » sans faire connaître et sans faire prévaloir ces vues. Aussi est-il amené lui-même, par une contradiction non moins inévitable qu'étrange, à esquisser immédiatement un véritable « plan d'enseignement » qui implique jusqu'à un certain point une méthode.

D'abord une revendication des droits de la langue nationale :

Que le grec et le latin soient regardés comme propres à fournir des vues précieuses sur les procédés de l'esprit, dans l'énonciation des idées ; qu'on les estime, les recommande à raison des excellents livres qu'ils nous mettent à portée de connaître beaucoup mieux : rien de plus raisonnable, sans doute. Mais je crois nécessaire d'ordonner que tout enseignement public se fasse désormais en français.

Ici une nouveauté :

Vous ne serez point étonnés, Messieurs, que la médecine occupe une place considérable dans mon plan d'instruction publique.

D'après cela, l'Assemblée nationale ordonnera sans doute qu'il soit formé des écoles pratiques, partout où la médecine s'enseigne, c'est-à-dire, des écoles dont les leçons se donneront dans des infirmeries[1].

Mirabeau s'engage ensuite dans un long parallèle entre la destination des hommes et celle des femmes. Le morceau est d'un style extrêmement soigné, mais renferme peu d'idées neuves. C'est un bon lieu commun de rhétorique. L'auteur a des vues encore étroites sur le rôle des femmes, qu'il prétend confiner d'une façon tout à fait exclusive dans la maison et dans la maternité :

Je proposerai peu de chose sur l'éducation des femmes. Les hommes destinés aux affaires doivent être élevés en public. Les femmes, au contraire, destinées à la vie intérieure, ne doivent peut-être sortir de la maison paternelle que dans quelques cas rares.

La constitution délicate des femmes, parfaitement

1. Les leçons *cliniques*, c'est-à-dire celles qui se font d'après le malade, si fréquentes de nos jours, paraissent avoir été jusqu'alors d'une extrême rareté.

appropriée à leur destination principale, celle de perpétuer l'espèce, de veiller avec sollicitude sur les époques périlleuses du premier âge, et dans cet objet si précieux à l'auteur de notre existence, d'enchaîner à leurs pieds toutes les forces de l'homme, par la puissance irrésistible de la faiblesse ; cette constitution, dis-je, les borne aux timides travaux du ménage, aux goûts sédentaires que ces travaux exigent, et ne leur permet de trouver un véritable bonheur, et de répandre autour d'elles tout celui dont elles peuvent devenir les dispensatrices, que dans les paisibles emplois d'une vie retirée.

Sans doute la femme doit régner dans l'intérieur de sa maison ; mais elle ne doit régner que là : partout ailleurs elle est comme déplacée ; la seule manière dont il lui soit permis de s'y faire remarquer, c'est par un maintien qui rappelle la mère de famille, ou qui caractérise tout ce qui rend digne de le devenir.

Trois bonnes pensées pour en finir avec les femmes :

Je regrette beaucoup qu'on ne les ait point admises au conseil de famille dont elles me paraissent devoir être l'âme.

La vie intérieure est la véritable destination des femmes ; il est donc convenable de les élever dans les habitudes qui doivent faire leur bonheur et leur gloire ; et peut-être serait-il à désirer qu'elles ne sortissent jamais de la garde de leur mère.

Je ne demande cependant pas la suppression de toutes les maisons d'éducation qui leur sont consacrées. Mais comme ces maisons ne peuvent plus être régies que par des associations libres, je voudrais qu'on en confiât le soin à l'industrie et à la considération publique. Il suffirait d'ailleurs de conserver les écoles de lecture, d'écriture et d'arithmétique qui existent pour les filles, et d'en former de semblables dans toutes les municipalités qui n'en ont pas, *sur les mêmes principes que pour celles des garçons.*

Ce dernier point ne s'accorde peut-être pas parfaitement avec les prémisses de Mirabeau ; mais il n'en vaut que mieux. Suit un court projet d'une organisation rudimentaire d'instruction primaire :

Dans chaque endroit où l'organisation nouvelle du clergé conservera un curé ou un vicaire, il y aura une école d'écriture et de lecture, pour l'entretien de laquelle il sera affecté une somme, depuis cent jusqu'à deux cents livres, payable chaque année sur les fonds du département. Le maître d'école sera autorisé à recevoir une rétribution de ses élèves; il enseignera à lire, à écrire, à calculer, et même, s'il est possible, à lever des plans et arpenter. Il se servira, pour enseigner à lire, des livres qui feront connaître la Constitution, et qui expliqueront d'une manière simple et nette les principes de la morale. Tout maître d'école qui se distinguera dans ce genre d'enseignement recevra des récompenses qui seront fixées et distribuées par le directeur du département. La nomination des maîtres d'école de paroisse se fera de la manière suivante. La commune présentera trois sujets au directeur de district qui sera tenu d'en choisir un; et le sujet choisi ne pourra être destitué sans que les motifs de la destitution aient été discutés et trouvés valables par le même directeur.

DEUXIÈME DISCOURS.

Le second discours visait l'*organisation des fêtes nationales*. C'est déjà un honneur pour Mirabeau que d'avoir conçu ou seulement senti « la haute importance » de cette institution. Le discours commence par un long tableau des misères de l'ancien régime.

Tout à coup une crise imprévue s'annonce; un déficit énorme dans ce qu'on appelait les *finances du Prince*, se déclare ; la révolution commence. Votre convocation, Messieurs, vos sages décrets, les fautes des ennemis du bien public et l'énergie d'un peuple déjà mûr pour la liberté ont fait le reste.

La Révolution, la Constitution ; voilà ce que nos fêtes publiques doivent retracer, honorer, consacrer. Il n'y sera pas question d'une victoire remportée sur le sanglier d'Érymanthe, sur le lion de Némée, sur l'hydre de Lerne ; mais de l'extirpation des abus féodaux, sacerdotaux, judiciaires, despotiques ; vous y parlerez au peuple des événements qui ont amené les institutions nouvelles ; et pour donner à ces institutions un accent plus animé, un aspect plus pittoresque et plus sensible, vous les attacherez à ces événements immortels.

Je propose à l'Assemblée le projet de décret suivant :

Article Ier.

L'Assemblée nationale, considérant que chez tous les peuples libres, les fêtes publiques ont été l'un des moyens les plus puissants d'attacher les citoyens à la patrie, de les unir entre eux par des liens d'une heureuse fraternité, de nourrir le respect des lois, de donner plus d'éclat aux récompenses dont les actions utiles, les grands talents et les grandes vertus sont jugés dignes par la nation ; considérant en outre que les rapports et les devoirs des troupes de ligne diffèrent essentiellement de ceux des autres membres de la société ; qu'il est nécessaire que la même différence se retrouve dans leur culte patriotique ; mais qu'il ne l'est pas moins d'instituer une cérémonie commune, qui les rassemble tous sous les étendards de la constitution : Décrète qu'il y aura chaque année quatre fêtes civiles, quatre fêtes militaires, et une grande fête nationale, dans laquelle soldats et citoyens viendront se confondre à la voix fraternelle de l'égalité, et renouveler au nom de tous les départements et de toutes les fractions de l'armée, le serment de maintenir l'unité de l'empire.

Article II.

Les quatre fêtes civiles se célébreront aux quatre grandes époques de l'année, dans la huitaine qui précède, ou dans celle qui suit les solstices et les équinoxes. La première se nommera la fête de la *Constitution*, en mémoire du jour où les communes de France se constituèrent en Assemblée nationale. La seconde se nommera la *Fête de la réunion ou de l'abolition des ordres* ; elle sera destinée à rappeler l'un des plus grands événements de la Révolution ; celui peut-être dont les résultats doivent devenir un jour le plus utiles au peuple. La troisième sera dite la *Fête de la Déclaration ;* on y célébrera la Déclaration des droits de l'homme, sur laquelle est fondé tout le système des lois nouvelles et la Constitution elle-même. La quatrième enfin s'appellera la *Fête de l'armement* ou *de la prise d'armes ;* son objet est de conserver le souvenir de l'accord admirable et du courage héroïque avec lequel les gardes nationales se formèrent tout à coup pour protéger le berceau de la liberté.

Le discours se termine par une narration oratoire de la première fête de la fédération et par une vive prosopopée. J'appelle l'attention du lecteur sur ce style de Mirabeau tout nourri de souvenirs classiques, sur cette rhétorique d'où se dégage si souvent l'éloquence, sur le sens juste avec lequel le grand homme politique signalait la nécessité d'exprimer de l'histoire l'amour de la Révolution.

TROISIÈME DISCOURS.

Dans le troisième discours, Mirabeau aurait proposé l'*établissement d'un lycée national.* Il entendait par là une sorte d'institution d'enseignement supérieur qui fût à la fois comme une réunion de toutes les académies et une école normale. Le caractère n'en est pas bien défini.

Tout ce qui peut faire éclore, agrandir, développer les facultés intellectuelles y serait enseigné dans un esprit et d'après une méthode générale, applicable à tous les genres, et que la concentration de tant de lumières, leur influence réciproque et le caractère même de l'Institution rendraient de jour en jour plus parfaite ; ou plutôt l'enseignement de la méthode formerait la base et serait le but le plus essentiel du *Lycée national* (car tel est le nom que je donne à cette école, dépositaire des plus riches espérances de la nation), c'est-à-dire que l'art de diriger l'entendement dans la recherche de la vérité ou de l'appliquer aux différents objets de nos études, doit être regardé comme la partie fondamentale des vues que je me propose. Il s'agit de cultiver l'instrument universel.

En somme, si je ne me trompe, il s'agit de créer comme un Institut enseignant. L'idée sera reprise et se présente chez Mirabeau avec une remarquable ampleur. Elle y est même trop complexe. Elle donnera, en se décomposant, une dizaine d'établissements comme l'Institut, le Collège de France, le Museum, l'École normale supérieure, l'École polytechnique, l'École des Beaux-Arts, le Conservatoire, etc., et qui seront comme la monnaie du *Lycée national* rêvé ici.

La question se pose pour l'auteur de déterminer la ville où il devra être fondé. Il n'hésite pas, et propose Paris, auquel il paye un admirable tribut d'éloges :

Parmi les villes à qui je pourrais, au nom du genre humain, payer un juste tribut d'éloges et de reconnaissance, ne me serait-il pas permis au moins de citer Paris ? Paris, célèbre depuis tant de siècles par les mœurs aimables et hospitalières de ses habitants; Paris, qui, dans les chaînes du despotisme, conservait une indépendance d'esprit que les tyrans étaient forcés de respecter ; qui, par le règne des lettres et des arts, a préparé celui de la philosophie, et par la philosophie tous les triomphes de la morale publique; Paris qui, après en avoir créé les principes, après avoir enseigné aux campagnes et leurs véritables besoins et leurs droits impérissables, s'est armé le premier pour sceller de son sang le signal qu'il donnait à l'empire[1]; Paris, enfin, qui, depuis le commencement de cette Révolution, déterminée par son cou-

1. Le mot a ici son sens étymologique. Il fut souvent employé ainsi à cette époque ; il veut dire : le pays de gouvernement français.

rage, offre à l'Europe attentive le spectacle des plus persévérants et des plus généreux sacrifices. Eh bien! Messieurs, cette ville d'où sont parties tant de lumières mérite d'en être toujours le foyer.

Je ne citerai point tout au long et dans le détail les chaires que Mirabeau propose d'inaugurer. La première est celle de *méthode*, grâce à laquelle il espère, dans une illusion généreuse, qu'on pourra donner à « l'esprit des télescopes et des leviers semblables à ceux que l'optique et la mécanique ont créés pour le secours des yeux et des mains ». Il y ajoute des chaires :

D'économie publique et de morale ;

D'histoire universelle ;

De sciences exactes et naturelles au nombre de sept ;

De langues anciennes, orientales et modernes ; en tout dix ; puis une Académie nationale et une Académie des arts, remplaçant l'Académie française, celle des Sciences et celle des Belles-Lettres.

Il appelle lui-même son Lycée national une *école encyclopédique*. Sans doute un tel projet ne pouvait être conçu qu'à la fin du grand siècle qui avait vu l'entreprise de l'Encyclopédie, et par un esprit digne de son siècle.

CONCLUSION.

Le point faible de ce travail général sur l'éducation, indépendamment des critiques de détail que nous avons pu formuler, c'est de creuser un abîme trop profond entre l'enseignement supérieur et celui de la nation. Assurément, c'est par une vue judicieuse et pénétrante que Mirabeau songe à organiser du même coup l'instruction publique et son couronnement, persuadé que l'éducation la plus élémentaire d'un peuple végète et s'atrophie, s'il ne renferme en même temps les éléments d'une culture raffinée et le ferment de la vie intellectuelle et artistique la plus haute. Mais ici le couronnement n'a pour ainsi dire pas de soutien. Le *Lycée national* (qu'on me passe cette image) est vraiment un projet *en l'air*. Il n'y a pas, au-dessous, l'édifice d'un enseignement secondaire, et il y a peu de chose à la base dans l'enseignement primaire. Là même, tout est indécis et flottant. Les plans de Mirabeau ne formaient donc point un ensemble suffisant.

Il serait assez oiseux de rechercher ce qu'on aurait pu faire pour les compléter et les codifier, puisqu'ils n'ont pas même eu l'existence légale de projets parlementaires. Il n'importe pas davantage de recueillir les idées du grand orateur sur *l'éducation de l'héritier présomptif de la couronne*, sujet d'un quatrième discours, puisque la Révolution va emporter la couronne et confier l'héritier présomptif au cordonnier Simon. Mirabeau meurt lui-même « en emportant le deuil de la monarchie ». Il laisse à d'autres le soin d'occuper les assemblées françaises de leurs idées ou de leurs utopies.

CHAPITRE IV

Talleyrand-Périgord.

L'Assemblée Constituante, qui fit tant et de si grandes choses, qui vota *la Déclaration des droits de l'homme* et donna à la France sa première Constitution, avait certes en elle les lumières nécessaires pour élaborer, discuter et appliquer un système d'éducation nationale; elle en eut le souci, mais elle n'en eut pas le temps.

Les 3 et 4 septembre 1791, elle rendit une loi, portant qu'il serait créé et organisé une instruction *commune* à tous les citoyens. Comme on le voit, dès le premier jour, les représentants du pays n'oublièrent pas son *unité* dans leurs projets pédagogiques et virent, dans une éducation d'État, le meilleur moyen de l'achever, de l'assurer et de la fortifier. Cette loi demeura lettre morte ; ce ne fut qu'une manifestation ; elle ne put recevoir aucune application réelle. Cependant on nomma une commission ; elle prit pour rapporteur le fameux prince de Talleyrand-Périgord, à qui elle paraît même s'en être remise assez complètement du soin d'imaginer et de rédiger un projet.

Le rapport de Talleyrand ne put être lu devant l'Assemblée

1. Ce Talleyrand est le diplomate distingué et sceptique qui, après avoir servi dans les conseils de Napoléon Ier, attacha son nom d'une manière si honorable aux traités de 1815 et mourut sous Louis-Philippe, après avoir servi la France sans trop de scrupules, au travers de tous ses gouvernements. Sa réputation d'homme d'État était universelle, son esprit est demeuré légendaire. On va voir que ce prêtre n'était pas dépourvu de philosophie.

que les 10, 11 et 19 septembre 1791. On était sur le point de se séparer ; c'étaient les dernières séances de la grande Assemblée. Elle écouta dans un silence plein de dignité la lecture qui lui était faite. Mais elle ne prit pas sur elle de décréter précipitamment l'organisation matérielle d'un service aussi important. L'œuvre de Talleyrand resta toute platonique. Elle n'en présente pas moins un haut intérêt.

Il fait d'abord le procès de l'ancien système d'instruction publique :

Nous ne chercherons pas ici à faire ressortir la nullité ou les vices innombrables de ce qu'on a nommé jusqu'à ce jour *Instruction*. Même sous l'ancien ordre de choses, on ne pouvait arrêter sa pensée sur la barbarie de nos institutions, sans être effrayé de cette privation totale de lumières, qui s'étendait sur la grande majorité des hommes, sans être révolté ensuite et des opinions déplorables que l'on jetait dans l'esprit de ceux qui n'étaient pas tout à fait dévoués à l'ignorance, et des préjugés de tous les genres dont on les nourrissait, et de la discordance, ou plutôt de l'opposition absolue qui existait entre ce qu'un enfant était contraint d'apprendre, et ce qu'un homme était tenu de faire ; enfin, de cette déférence aveugle et persévérante pour des usages dès longtemps surannés, qui, nous replaçant sans cesse à l'époque où tout le savoir était concentré dans les cloîtres, semblait encore, après plus de dix siècles, destiner l'universalité des citoyens à habiter des monastères.

.... Telle avait été, sous ce rapport, l'influence de l'opinion publique elle-même, qu'on était parvenu à pouvoir présenter à la jeunesse l'histoire des anciens peuples libres, à échauffer son imagination par le récit de leurs héroïques vertus, à la faire vivre, en un mot, au milieu de Sparte et de Rome, sans que le pouvoir le plus absolu eût rien à redouter de l'impression que devaient produire ces grands et mémorables exemples [1].

L'Assemblée Constituante a établi la liberté politique et fondé le pouvoir législatif sur la volonté commune :

Mais, pour le complément d'un tel sytème, il faut sans doute que cette volonté se maintienne toujours droite, toujours éclairée, et que les moyens d'action soient invariablement dirigés vers leur but ; or, ce double objet est évidemment sous l'influence directe et immédiate de l'instruction.

Et il faut que l'instruction soit vraiment générale dans le peuple [2].

Il faut que la raison publique, armée de toutes les puissances de l'instruction et des lumières, prévienne ou réprime sans cesse ces usurpations individuelles, destruction de tout principe, afin que le parti le plus fort soit aussi, et pour toujours, le parti le plus juste.

Les hommes sont déclarés libres ; mais ne sait-on pas que l'instruction agrandit sans cesse la sphère de la liberté civile, et, seule, peut maintenir la liberté politique contre toutes les espèces de despotisme ? Ne sait-on pas que, même sous la constitution la plus libre, l'homme ignorant est à la merci du charlatan, et beaucoup trop dépendant de l'homme in-

1. Comparer ce passage avec le chap. VII de mon introduction.

2. Talleyrand est déjà sur ce point bien plus catégorique que Mirabeau. On sent que, de l'un à l'autre, l'opinion publique a fait des progrès.

struit ; et qu'une instruction générale bien distribuée peut seule empêcher, non pas la supériorité des esprits qui est nécessaire, et qui même concourt au bien de tous, mais le trop grand empire que cette supériorité donnerait, si l'on condamnait à l'ignorance une classe quelconque de la société ?

Enfin, et pour tout dire la Constitution existerait-elle véritablement, si elle n'existait que dans notre code ; si de là elle ne jetait ses racines dans l'âme de tous les citoyens ; si elle n'y imprimait à jamais de nouveaux sentiments, de nouvelles mœurs, de nouvelles habitudes ? Et n'est-ce pas à l'action journalière et toujours croissante de l'instruction, que ces grands changements sont réservés ?

D'ailleurs les anciennes institutions d'enseignement sont en train de faire place nette :

Tout nous démontre que le nouvel état de choses, élevé sur les ruines de tant d'abus, nécessite une création en ce genre ; et la décadence rapide et presque spontanée des établissements actuels qui, dans toutes les parties du Royaume, dépérissent comme des plantes sur un terrain nouveau qui les rejette, annonce clairement que le moment est venu d'entreprendre ce grand ouvrage.

Talleyrand montre bien l'étendue des questions relatives à l'instruction :

Il n'est donné à aucun homme d'en mesurer l'étendue ; et la puissance nationale ne peut elle-même lui tracer des limites. Son objet est immense, indéfini ; que n'embrasse-t-il pas ? Depuis les éléments les plus simples des arts jusqu'aux principes les plus élevés du droit public et de la morale; depuis les jeux de l'enfance jusqu'aux représentations théâtrales et aux fêtes les plus imposantes de la nation, tout ce qui, agissant sur l'âme, peut y faire naître et y graver d'utiles ou de funestes impressions, est essentiellement de son ressort. Ses moyens, qui vont toujours en se perfectionnant, doivent être diversement appliqués, suivant les lois, le temps, les hommes, les besoins.

La tâche offre donc des difficultés intrinsèques. Il y en a d'autres encore, que l'auteur signale avec une justesse bien spirituelle :

Celles-ci naissent d'une sorte de frayeur qu'éprouvent souvent les hommes les mieux intentionnés à la vue d'une grande nouveauté ; toute perfection leur semble idéale ; ils la redoutent presque à l'égal d'un système erroné, et souvent ils parviennent à la rendre impraticable, à force de répéter qu'elle l'est.

Talleyrand est un modéré, un homme de tempéraments et de transactions, déjà un diplomate :

Nous voulons que le passage de l'ancienne instruction à la nouvelle se fasse sans convulsion, et surtout sans injustice individuelle.

Nous entrons dans le vif du sujet. En voici le point de départ :

Un des caractères les plus frappants dans l'homme est la *perfectibilité ;* et ce caractère, sensible dans l'individu, l'est bien plus encore dans l'espèce [1].

1. Cette vue est des plus importantes. Les philosophes eux-mêmes,

Voici maintenant la définition de l'instruction qui en découle :

Elle est l'art plus ou moins perfectionné de mettre les hommes en toute valeur, tant pour eux que pour leurs semblables ; de leur apprendre à jouir pleinement de leurs droits, à respecter et remplir facilement tous leurs devoirs, en un mot, à vivre heureux et à vivre utiles, et de préparer ainsi la solution du problème, le plus difficile peut-être des sociétés, qui consiste dans la meilleure distribution des hommes.

On doit considérer en effet la société comme un vaste atelier. Il ne suffit pas que tous y travaillent ; il faut que tous y soient à leur place, or il est incontestable qu'un bon système d'instruction est le premier des moyens pour y parvenir.

Il y a d'abord comme une sorte d'instruction générale qui résulte de la nature même des choses :

Il est impossible de concevoir une réunion d'hommes, un assemblage d'êtres intelligents, sans y apercevoir aussitôt des moyens d'instruction. Ces moyens naissent de la libre communication des idées, comme aussi de l'action réciproque des intérêts. C'est alors surtout qu'il est vrai de dire que les hommes sont disciples de tout ce qui les entoure.

Mais à côté de cela, il y a une instruction systématique, qui est un art véritable. Cette instruction :

à la suite de J.-J. Rousseau, n'étaient que trop disposés à considérer le développement de l'état social comme une longue « chute ». La nouvelle et fortifiante doctrine du *progrès* est exprimée ici de manière à annoncer les travaux éminents de Condorcet sur ce sujet.

1° Elle doit exister pour tous : car puisqu'elle est un des résultats, aussi bien qu'un des avantages de l'association, on doit conclure qu'elle est un bien commun des associés : nul ne peut donc en être légitimement exclu ; et celui-là qui a le moins de propriétés privées semble même avoir un droit de plus pour participer à cette propriété commune.

2° Ce principe se lie à un autre. Si chacun a le droit de recevoir les bienfaits de l'instruction, chacun a réciproquement le droit de concourir à les répandre[1] : car c'est du concours et de la réalité des efforts individuels que naîtra toujours le plus grand bien.

3° L'instruction, quant à son objet, doit être universelle ; car c'est alors qu'elle est véritablement un bien commun, dans lequel chacun peut s'approprier la part qui lui convient.

4° L'instruction doit exister pour l'un et l'autre sexe ; cela est trop évident ; car elle est un bien commun.

5° Enfin elle doit exister pour tous les âges. C'est un préjugé de l'habitude de ne voir toujours en elle que l'institution de la jeunesse. L'instruction doit conserver et perfectionner ceux qu'elle a déjà formés : elle est d'ailleurs un bienfait social et universel, elle doit donc naturellement s'appliquer à tous les âges si tous les âges en sont susceptibles ; or, qui ne voit qu'il n'en est aucun où les facultés humaines ne puissent être utilement exercées, où l'homme ne puisse être affermi dans d'heureuses habitudes, encouragé à faire le bien, éclairé sur les moyens de l'opérer.

1. Doctrine de la liberté de l'enseignement.

Ces principes posés, Talleyrand trace un premier programme général :

L'instruction, considérée dans ses rapports avec l'avantage de la société, exige, comme principe fondamental, qu'il soit enseigné à tous les hommes : 1° A connaître la constitution de cette société ;— 2° A la défendre ; — 3° A la perfectionner ; — 4° Et, avant tout, à se pénétrer des principes de la morale, qui est antérieure à toute constitution, et qui, plus qu'elle encore, est la sauvegarde et la caution du bonheur public. De là, diverses conséquences relatives à la Constitution française.

Il faut apprendre à connaître la Constitution. Il faut donc que la Déclaration des droits et les principes constitutionnels composent à l'avenir un nouveau catéchisme pour l'enfance, qui sera enseigné jusque dans les plus petites écoles du royaume [1].

Il faut apprendre à défendre la Constitution. Il faut donc que partout la jeunesse se forme, dans cet esprit, aux exercices militaires, et, par conséquent, qu'il existe un grand nombre d'écoles générales, où toutes les parties de cette science soient complètement enseignées [2].

Il faut apprendre à perfectionner la Constitution. En faisant serment de la défendre, nous n'avons pu renoncer ni pour nos descendants, ni pour nous-mêmes, au droit et à l'espoir de l'améliorer [3].

1. Germe de l'enseignement civique, distribué aujourd'hui.

2. Talleyrand ne paraît pas songer à placer cet enseignement dans l'école primaire même.

3. Il est assez curieux de rencontrer une idée aussi utopique que celle « *d'apprendre* à perfectionner la Constitution » sous la plume d'un

Il faut apprendre à se pénétrer de la morale qui est le premier besoin de toutes les constitutions. Il faut non seulement qu'on la grave dans tous les cœurs par la voie du sentiment et de la conscience, mais aussi qu'on l'enseigne comme une science véritable, dont les principes seront démontrés à la raison de tous les hommes, à celle de tous les âges. On a gémi longtemps de voir les hommes de toutes les nations, de toutes les religions, la faire dépendre exclusivement de cette multitude d'opinions qui les divisent. Il en est résulté de grands maux : car en la livrant à l'incertitude, souvent à l'absurdité, on l'a nécessairement compromise. On l'a rendue versatile et chancelante. Il est temps de l'asseoir sur ses propres bases ; il est temps de montrer aux hommes que si de funestes divisions les séparent, il est du moins dans la morale un rendez-vous commun où ils doivent tous se réfugier et se réunir. Il faut donc, en quelque sorte, la détacher de tout ce qui n'est pas elle.

La nature a pour cela fait de grandes avances ; elle a doué l'homme de la raison et de la compassion : par la première, il est éclairé sur ce qui est juste ; par la seconde, il est attiré vers ce qui est bon : voilà le double principe de toute morale. Mais cette nouvelle partie de l'instruction, pour être bien enseignée, exige un ouvrage élémentaire, simple, à la fois clair et profond. Il est digne de l'Assemblée nationale d'appeler sur un tel objet les veilles et les méditations de tous les vrais philosophes [1].

homme aussi pratique que le fut Talleyrand. Faut-il croire que ce rusé diplomate se ménageait le droit d'accueillir tous les nouveaux gouvernements qu'il a servis à titre de *perfectionnement de la Constitution !*

1. L'auteur, avec une philosophie remarquable chez un prêtre, voit

Ainsi, l'instruction doit s'étendre sur toutes les facultés, *physiques, intellectuelles, morales.*

Physiques. — C'est une étrange bizarrerie de la plupart de nos éducations modernes de ne destiner au corps que des délassements.

Il recommande la gymnastique :

Il importe, sous tous les points de vue, d'en faire un objet capital de l'instruction.

Intellectuelles. — Elles ont été divisées en trois classes : l'*Imagination*, la *Mémoire* et la *Raison.*

A la première ont paru appartenir les beaux-arts et les belles-lettres ; à la seconde, l'histoire, les langues ; à la troisième, les sciences exactes. Mais cette division déjà ancienne, et les classifications qui en dépendent, sont loin d'être irrévocablement fixées ; déjà même elles sont regardées comme incomplètes et absolument arbitraires par ceux qui en ont soumis le principe à une analyse réfléchie ; toutefois, il n'y a nul inconvénient à les employer encore comme formant la dernière carte des connaissances humaines[1]. L'essentiel est que, dans tous les établissements complets, l'instruction s'étende sur les objets qu'elles

que la morale n'est pas une révélation, mais un grand fait dont il faut faire la science. Il sent aussi que ce n'est pas facile.

1. Cette classification est celle du philosophe anglais Bacon, reprise par d'Alembert dans la préface de l'*Encyclopédie.* Il y a plus d'inconvénients que ne dit Talleyrand à l'adopter, parce qu'elle est arbitrairement analytique et met pour ainsi dire l'esprit en morceaux. Sans doute il sent lui-même qu'elle va singulièrement compliquer l'ordonnance de son travail. D'ailleurs « le temps », auquel il fait appel, aura bientôt corrigé cette erreur dans d'autres esprits, comme nous le verrons chez Condorcet.

renferment, sans exclure aucun de ceux qui pourraient n'y être pas indiqués. C'est au temps à faire le reste.

Morales. — On ne les a, jusqu'à ce jour, ni classées, ni définies, ni analysées ; et peut-être une telle entreprise serait-elle hors des moyens de l'esprit humain ; mais on sait qu'il est un sens interne, un sentiment prompt, indépendant de toute réflexion, qui appartient à l'homme et paraît n'appartenir qu'à l'homme seul. Sans lui, ainsi qu'il a été déjà dit, on ne peut connaître le bien ; par lui seul on l'affectionne, et l'on contracte l'habitude de le pratiquer sans effort. Il est donc essentiel d'avertir, de cultiver, et surtout de diriger de bonne heure une telle faculté puisqu'elle est, en quelque sorte, le complément des moyens de vertu et de bonheur.

Après avoir déterminé le triple objet de l'instruction, Talleyrand en assigne les degrés suivant une triple division :

Il doit exister pour tous les hommes une première instruction commune à tous. Il doit exister pour un grand nombre une instruction qui tende à donner un plus grand développement aux facultés, et éclairer chaque élève sur sa destination particulière. Il doit exister pour un certain nombre une instruction spéciale et approfondie, nécessaire à divers états dont la société doit retirer de grands avantages [1].

Près des assemblées primaires qui sont les *unités* du corps politique, les premiers éléments nationaux, se place naturellement la première école, l'école élé-

1. C'est à peu près ce que nous appelons l'enseignement primaire, secondaire et supérieur.

mentaire. Cette école est pour l'enfance, et ne doit comprendre que des documents généraux, applicables à toutes les conditions.

Au delà des premières écoles seront établies, dans chaque district, des écoles moyennes ouvertes à tout le monde, mais destinées néanmoins, par la nature des choses, à un petit nombre seulement d'entre les élèves des écoles primaires.

Cette seconde instruction sera pour ceux qui, n'étant appelés, ni par goût, ni par besoin, à des occupations mécaniques, ou aux fonctions de l'agriculture, aspirent à d'autres professions, ou cherchent uniquement à cultiver, à orner leur raison et à donner à leurs facultés un plus grand développement.

Enfin, dans l'échelle administrative se trouve placée au sommet l'administration de département, et à ce degré d'administration doit correspondre le dernier degré de l'instruction, qui est l'instruction nécessaire aux divers états de la société. Ces états sont en grand nombre ; mais on doit ici les réduire beaucoup : car il ne faut un établissement national que pour ceux dont la pratique exige une longue théorie, et dans l'existence desquels les erreurs seraient funestes à la société. L'état de ministre de la religion, celui d'homme de loi, celui de médecin, qui comprend l'état de chirurgien, enfin celui de militaire, voilà les états qui présentent ce caractère.

Et de même qu'au delà de toutes les administrations, se trouve placé le premier organe de la nation, le corps législatif, investi de toute la force de la volonté publique ; ainsi, tant pour le complément de l'instruction, que pour le rapide avancement de la science, il existera dans le chef-lieu de l'Empire, et comme au faîte de toutes les instructions une école plus particulièrement nationale, un *Institut* universel qui, s'enrichissant des lumières de toutes les parties de la France, présentera sans cesse la réunion des moyens les plus heureusement combinés pour l'enseignement des connaissances humaines et leur accroissement indéfini : institut placé dans la capitale, cette patrie naturelle des arts, au milieu des grands modèles de tous les genres qui honorent la nation [1].

Cette hiérarchie ainsi exposée, il paraît naturel de passer à l'indication des objets et des moyens d'instruction, pour chacun des degrés que nous venons de marquer ; mais auparavant, il est une question à résoudre et sur laquelle les bons esprits eux-mêmes sont partagés ; c'est celle qui regarde la *gratuité* de l'instruction.

DISCUSSION DE LA GRATUITÉ.

Il doit exister une instruction gratuite ; le principe est incontestable ; mais jusqu'à quel point doit-elle être gratuite ? Sur quels objets seulement doit-elle l'être ? Quelles sont, en un mot, les limites de ce grand bienfait de la société envers ses membres ?

Il est certain qu'elle doit d'abord payer ce qui est nécessaire pour la défendre et la gouverner puisqu'avant tout, elle doit pourvoir à son existence.

Il ne l'est pas moins qu'elle doit payer ce qu'exigent les diverses fins pour lesquelles elle existe, par

1. Inutile de signaler les rapports de cette conception avec celle du *Lycée* de Mirabeau.

conséquent ce qui est nécessaire pour assurer à chacun sa liberté et sa propriété ; pour ecarter des associés une foule de maux auxquels ils seraient sans cesse exposés hors de l'état de société ; enfin, pour les faire jouir des biens publics qui doivent naître d'une bonne association : car voilà les trois fins pour lesquelles toute société s'est formée ; et, comme il est évident que l'instruction tiendra toujours un des premiers rangs parmi ces biens, il faut conclure que la société doit aussi payer tout ce qui est nécessaire pour que l'instruction parvienne à chacun de ses membres.

Mais s'ensuit-il de là que toute espèce d'instruction doive être accordée gratuitement à chaque individu ?

Non.

La seule que la société doive avec la plus entière gratuité, est celle qui est essentiellement commune à tous, parce qu'elle est nécessaire à tous. Le simple énoncé de cette proposition en renferme la preuve : car il est évident que c'est dans le trésor commun que doit être prise la dépense nécessaire pour un bien commun : or l'instruction primaire est absolument et rigoureusement commune à tous, puisqu'elle doit comprendre les éléments de ce qui est indispensable, quelque état que l'on embrasse. D'ailleurs, son but principal est d'apprendre aux enfants à devenir un jour des citoyens.

Quant aux diverses parties d'instruction qui seront enseignées dans les écoles de district et de département, ou dans l'institut, comme elles ne sont point en ce sens communes à tous, quoiqu'elles soient accessibles à tous, la société n'en doit nullement l'application gratuite à ceux qui librement voudront les apprendre. Il est bien vrai que, puisqu'il doit en résulter un grand avantage pour la société, elle doit pourvoir à ce qu'elles existent. Elle doit par conséquent se charger envers les instituteurs de la part rigoureusement nécessaire de leur traitement, en sorte que dans aucun cas leur existence et le sort de l'établissement ne puissent être compromis : elle doit organisation, protection, même secours, à ces divers établissements : elle doit faire, en en un mot, tout ce qui sera nécessaire pour que l'enseignement y soit bon, qu'il s'y perpétue et qu'il s'y perfectionne ; mais comme ceux qui fréquenteront ces écoles en recueilleront aussi un avantage très réel, il est parfaitement juste qu'ils supportent une partie des frais.

A ces motifs de raison et de justice s'unissent de grands motifs de convenance. On a pu mille fois remarquer que, parmi la foule d'élèves que la vanité des parents jetait inconsidérément dans nos anciennes écoles ouvertes gratuitement à tout le monde, un grand nombre parvenus à la fin des études qu'on y cultivait, n'en étaient pas plus propres aux divers états dont elles étaient les préliminaires, et qu'ils n'y avaient gagné qu'un dégoût insurmontable pour les professions honorables et dédaignées auxquelles la nature les avait appelés ; de telle sorte qu'ils devenaient des êtres très embarrassants dans la société.

Mais si la nation n'est point obligée, si même elle n'a pas le droit de s'imposer de telles avances, il est une exception honorable qu'elle est tenue de consacrer : c'est celle que la nature elle-même semble avoir faite en accordant le talent.

D'où l'auteur conclut à la création de *bourses*.

RÉSUMÉ.

Il est une instruction absolument nécessaire à tous ; la société la doit à tous ; non seulement elle en doit les moyens, elle doit aussi l'application de ces moyens.

Il est une instruction qui, sans être nécessaire à tous, est pourtant nécessaire dans la société en même temps qu'elle est utile à ceux qui la possèdent. La société doit en assurer les moyens ; mais c'est aux individus qui en profitent à prendre sur eux une partie des frais de l'application. Il est enfin une instruction qui, étant nécessaire dans la société, paraît lui devoir être beaucoup plus profitable, si elle parvient à certains individus qui annoncent des dispositions particulières. La société, pour son intérêt, autant que pour sa gloire, doit donner à ces individus non pas seulement l'existence des moyens d'instruction, mais encore tout ce qu'il faut pour qu'ils puissent en faire usage.

Tout cela ne devra venir qu'avec le temps et suivant l'opportunité des circonstances :

Ce que nous présentons ici aux différents départements est donc moins ce qu'ils sont tenus de faire aujourd'hui, que ce qu'ils doivent préparer, que ce qu'ils doivent commencer aussitôt qu'ils en auront rassemblé les moyens.

Abordons maintenant le détail du projet.

ÉCOLES PRIMAIRES.

L'enseignement primaire n'est pas *obligatoire* :

A peu près vers l'âge de sept ans, un enfant pourra être admis aux écoles primaires. Nous disons admis pour écarter toute idée de contrainte. La nation offre à tous le bienfait de l'instruction ; mais elle ne l'impose à personne.

Elle se contentera d'inviter les parents, au nom de l'intérêt public, à envoyer leurs enfants à l'instruction commune, comme à la source des plus pures leçons et au véritable apprentissage de la vie sociale.

Voici le programme de l'école :

1° Les principes de la langue nationale, soit parlée, soit écrite ; car le premier besoin social est la communication des idées et des sentiments. Les règles élémentaires du calcul seront placées presque au même rang, puisque le calcul est aussi une langue abrégée dont les rapports inévitables de la société rendent à tous l'usage nécessaire. Il faut y joindre celles du toisé, qui est l'application du calcul à la mesure des héritages et des bâtiments, objets de l'intérêt journalier des citoyens, et par rapport auxquels des lumières générales peuvent prévenir ou terminer la plupart des contestations qui les divisent.

2° Les éléments de la religion, car si c'est un malheur de l'ignorer, c'en est un plus grand peut-être de la mal connaître.

3° Les principes de la morale : car elle est à la fois, et pour tous, le bonheur de l'âme, le supplément nécessaire des lois, et la caution véritable des hommes réunis par le besoin, et trop souvent divisés par l'intérêt.

4° Les principes de la Constitution : car on ne peut trop tôt faire connaître, et trop tôt faire apprécier cette constitution sous laquelle on doit vivre, et que bientôt on doit jurer de défendre au péril de sa vie.

5° Ce que demandent à cet âge les facultés physiques, intellectuelles et morales. — *Physiques*, c'est-à-dire des leçons ou plutôt des exercices propres à conserver, à fortifier, à développer le corps et à le disposer pour l'avenir à quelque travail mécanique. Il faut, de bonne heure, leur apprendre quelques principes du dessin, de l'arpentage ; leur donner le coup d'œil juste, la main sûre, les habitudes promptes. — *Intellectuelles*. Nous avons vu plus haut qu'on les avait divisées en trois ; la *raison*, la *mémoire*, l'*imagination*. Ce n'est pas encore le moment d'exercer cette dernière faculté ; car elle est presque nulle dans l'enfance ; elle tient à une sensibilité qui n'est pas de cet âge, et elle a besoin, pour exister, d'une réunion d'idées, de sensations, de souvenirs qui supposent quelque expérience dans la vie , mais il est nécessaire d'offrir à leur *raison*, non les hautes sciences qui la fatigueraient sans l'éclairer, mais la clé de toutes les sciences, c'est-à-dire une logique pour leur âge : car il en est une. Leur raison n'est pas forte ; mais elle est pure ; mais elle est libre : ils ne voient pas loin ; mais ils voient communément juste ; ils voient du moins ce qui est, en attendant qu'on leur montre ce qui doit être, et l'on est souvent étonné de tout le raisonnement qu'ils mettent dans ce qui les intéresse.

La logique est bien plus à leur portée que la métaphysique des langues que néanmoins on se tourmente à leur faire entendre[1]. Il faut offrir à leur *mémoire* la partie des connaissances élémentaires, soit géographiques, soit historiques, soit botaniques, qui leur feront aimer davantage la patrie et chérir le lieu qui les a vu naître.

Enfin les *facultés morales*. On ne peut ici rien déterminer ; mais on sent que c'est avec un soin particulier, avec une attention délicate et continue, qu'on doit éveiller et entretenir, particulièrement dans l'enfance et dans tous les instants, ce sens précieux.

ÉCOLES DE DISTRICT.

Talleyrand propose un programme qui n'est qu'une sorte d'élargissement, « la suite et comme la progression naturelle de l'instruction des écoles primaires ».

Ainsi on y apprendra, outre la langue nationale, les langues anciennes ; on s'adonnera aux exercices physiques, natation, escrime, équitation, danse ; on apprendra « l'histoire des peuples libres, l'histoire de France, ou plutôt des Français, *quand il en existera une*[2] » ; on développe enfin l'imagination par les arts et les lettres.

L'enseignement se fera par *cours*, et non plus par *classes*.

Il y a des ÉCOLES DE DÉPARTEMENT pour les quatre professions énumérées plus haut.

D'abord des ÉCOLES POUR LES MINISTRES DE LA RELIGION, des sortes de séminaires. Nous passons rapidement sur ce chapitre. Nous signalons seulement une tendance évidente de l'auteur à *sécula-*

1. Étrange erreur qui refuse l'imagination à l'enfance et veut lui apprendre la logique, sous prétexte de raison ! Cette faute revient en réalité à Condillac, qui l'avait commise dans son cours d'éducation à l'usage du prince de Parme. C'est croire que la connaissance de la méthode intellectuelle doit précéder l'acquisition de l'intelligence.

2. L'auteur sent la difficulté d'enseigner l'ancienne histoire de France toute monarchique au nouveau point de vue de la liberté.

riser autant que possible le clergé et à le mettre en paix avec le pouvoir temporel :

L'Assemblée nationale, en même temps qu'elle encourage les progrès des sciences et les inventions de l'esprit humain doit donc, par le même principe, s'opposer à toute extension de la théologie, à toute invasion des théologiens.

Les règles de l'arpentage et du toisé, plus développées que dans les écoles primaires, la connaissance des simples, quelques principes d'hygiène et quelques-uns de droit, etc., nous paraissent devoir faire dorénavant partie de l'instruction ecclésiastique.

ÉCOLES DE MÉDECINE.

Jusqu'à ce jour on a divisé cet art en trois : la médecine, la chirurgie, la pharmacie ; il en est résulté un désaccord funeste et à l'art et aux hommes. Il est clair que ce sont les parties d'un même tout : elles doivent donc être réunies dans les mêmes écoles. Cet art doit sa naissance aux Grecs ; jamais chez eux la pharmacie et la chirurgie ne furent séparées de la médecine.

Tout collège de médecine, pour être complet, comprendra désormais dans son enseignement : 1° la physique connue sous le nom de médicale, c'est-à-dire appliquée dans toutes ses parties à l'art de guérir ; car c'est en elle que résident tous les principes sur lesquels peut se fonder cet art ; 2° l'analyse ou la connaissance exacte de toutes les substances que les trois règnes de la nature lui fournissent ; 3° l'étude du corps humain dans l'état de santé; 4° celle des maladies, quant à leurs symptômes, à leur traitement, au mode de les observer et d'en recueillir l'histoire ; 5° les connaissances requises pour être en état d'éclairer, dans des circonstances difficiles, le jugement de ceux qui doivent prononcer sur la vie et l'honneur des citoyens; 6° enfin, car c'est là que tout doit aboutir, l'enseignement de la médecine pratique. Pour faciliter toutes ces parties d'un même enseignement, vous jugerez que les écoles doivent être établies dans l'enceinte même des hôpitaux; car on ne peut trop rapprocher les institutions de ceux pour qui elles sont plus nécessaires.

Quatre collèges complets ont paru suffire aux besoins de tout le royaume.

Cependant, pour rapprocher le plus possible l'instruction de chaque lieu, on a pensé que tout corps administratif pourrait utilement établir, dans son arrondissement, une espèce d'école secondaire qui serait placée dans l'hôpital le mieux organisé du département.

La nécessité de ces examens doit être rigoureusement maintenue : car il faut ici surtout défendre la crédule confiance du peuple contre la séduction du charlatanisme. Il faut donc donner une caution publique à la profession de cet état ; mais en même temps vous voudrez que les anciennes lois coercitives, qui fixaient l'ordre et le temps des études, soient abolies.

ÉCOLES DE DROIT.

L'enseignement est condamné à se ressentir pendant plusieurs années des vices de nos anciennes lois qu'il faudra savoir, qu'il faudra accorder entre elles à l'époque où l'on se disposera à les détruire, ou même après qu'elles auront été détruites. C'est un état pénible pour la science, mais un état inévitable, et qui exigera pendant quelques années des précautions dans l'enseignement. Un temps viendra où toutes les parties de cette science s'éclaireront du jour de la raison : c'est lorsque les législateurs auront porté ce même jour sur le code entier de la Législation, et présenteront enfin un système de lois pures et concordantes, ramené à un petit nombre de principes. En attendant, l'enseignement doit profiter de ce qui est fait, en même temps qu'il souffrira de tout ce qui reste à faire.

Le premier objet que désormais il doit offrir, est la Constitution, ou le Droit public national, dont il puisera les principes dans le texte même de l'acte constitutionnel et dans les lois qui en contiennent le principal développement. Les maîtres trouveront des élèves préparés à cette instruction.

Après la Constitution sera placée la théorie des délits et des peines, et celle des formes employées par la société pour l'application de ses lois générales.

Il serait utile que tous les citoyens connussent la forme des jugements en matière criminelle.

La connaissance des formes de la procédure criminelle ne saurait être trop généralement répandue dans un pays qui a le bonheur de posséder l'institution du jury.

L'auteur souhaite ensuite que le Droit civil acquière le même degré de simplicité que le criminel et fait comme un vœu anticipé pour la rédaction du *Code*. L'enseignement des écoles de droit devra se terminer par des leçons de procédure. Les étudiants seront soumis à un examen long et approfondi. Il y aura dix écoles de droit en France.

ÉCOLES MILITAIRES.

Nous glissons encore sur ce chapitre spécial. Citons seulement un bon passage relatif à la discipline, telle qu'elle sera enseignée par le bon instituteur :

Il fera sortir de toutes les leçons de l'histoire et de tous les résultats de la réflexion, il rendra sensible à ses élèves, par les exemples comme par les raisonnements et par l'impression de l'habitude, la nécessité de cette subordination. Il les armera contre cet étrange abus du raisonnement, qui voudrait présenter l'obéissance militaire comme en contradiction avec les principes de l'égalité ; comme si, là spécialement où tous sont égaux, où tous ont concouru à la formation de la loi, tous ne devaient pas également obéir à ceux que la loi autorise à commander. Enfin nos écoles militaires élèveront à la fois des citoyens libres, des soldats subordonnés, et par conséquent de bons chefs.

INSTITUT NATIONAL.

Il faudra pourvoir encore aux progrès des lettres, des sciences et des arts.

Il faudra terminer l'éducation de ceux qui se destinent spécialement à leur culture. Nous proposons dans cette vue l'établissement d'un Institut national.

Pour que ce projet ait son entière exécution, l'Institut doit embrasser tous les genres de connaissances et de savoir.

PROGRAMME

Des Sciences philosophiques, des Belles-Lettres et des Beaux-Arts.

L'homme sent, il pense, il juge, il raisonne, il invente, il communique ses idées par des gestes, par des sons, par des discours écrits ou prononcés ; il communique ses affections par l'harmonie des vers, des sons, des formes et des couleurs ; il les consacre par des monuments ; il recherche quelle est la nature des êtres, ce qu'il est lui-même, ce qu'il doit, ce qu'on lui doit, ce qu'il peut et ce qu'il fut.

PROGRAMME

Des Sciences mathématiques et physiques et des Arts mécaniques.

Vu sous d'autres rapports, l'homme sait calculer les nombres et mesurer l'étendue. Quatre grands moyens lui ont dévoilé la connaissance des corps ; l'observation qui suffit à leur histoire, l'expérience qui en a découvert le mécanisme, l'analyse et la synthèse qu'il invoque pour en approfondir la composition intime. A l'aide de ces moyens, il considère dans la matière ses propriétés générales, ses états divers, le mouvement et le repos ; dans l'atmosphère son poids, sa température, ses balancements et ses météores ; dans les sons leur intensité, leur vitesse, leur mélange et leur harmonie ; dans la chaleur, sa communication et ses degrés ; dans l'électricité, ses courants, son équilibre, ses chocs et ses orages ; dans la lumière, sa propagation et ses couleurs ; dans l'aimant, son attraction et ses pôles ; dans le ciel, les astres dont les phénomènes lui sont connus ; sur la terre, les minéraux qu'il recueille, les métaux qu'il prépare ; les végétaux qu'il classe, dont il examine les organes et les produits : les animaux dont il étudie les formes, les mœurs, la structure, les éléments, la vie et la mort, la santé et les maladies ; les champs qu'il cultive ; les chemins qu'il ouvre ; les canaux qu'il creuse ; les villes qu'il fortifie ; les vaisseaux dont il se sert pour communiquer avec les deux mondes ; les forces combinées qu'il oppose à ses ennemis, et les arts nombreux qu'il inventa pour plier la nature à ses besoins.

Aussi, notre travail est composé de deux parties ; l'histoire de l'homme moral y contraste avec celle de l'homme physique ; les sciences purement philosophiques marchent à côté des sciences d'observation ; les beaux-arts terminent la première série, comme les arts mécaniques se trouvent à la fin de la seconde. Partout les masses principales se correspondent dans ces deux grandes divisions : dans la première, tout est rationnel, philosophique, littéraire ; dans la seconde tout est soumis à la précision de l'expérience. Dans l'une comme dans l'autre, la raison a besoin d'être forte. La mémoire, aidée d'une bonne méthode, classera des objets nombreux, et l'imagination trouvera, dans les inspirations de l'éloquence, soit dans la haute théorie du calcul, soit dans les découvertes de la physique, soit dans les inventions des arts, cet aliment qui la nourrit et la dispose aux grandes conceptions[1].

Nous ne suivrons pas Talleyrand dans tous les détails d'une institution qui ne devait jamais exister que sur son plan. Dans sa pensée, l'existence de l'Institut ne devait pas empêcher celle des associations libres. Les différentes sections devaient communiquer entre elles et se ramifier dans les départements, ainsi que dans les grands établissements d'enseignement de l'État, Muséum, Jardin des Plantes, etc., etc. L'Institut devait être « une sorte d'Encyclopédie toujours étudiante et toujours enseignante ; » car c'est une justice à rendre aux hommes de la Révolution que, dans leurs desseins, les institutions scientifiques les plus élevées et les plus dotées n'ont jamais dû être fermées et n'auraient élaboré la science que pour la publier. Talleyrand établit d'une façon assez originale les chaires d'agriculture dans les villes. Il veut que la classe de médecine s'occupe de la santé du peuple et lui demande quelque chose comme cette création de nos jours qu'on appelle la *démographie*. Il lui adjuge généreusement avec cela l'art vétérinaire.

MOYENS D'INSTRUCTION.

Sous ce chef, il place les *ministres de l'instruction*, en langage de nos jours, les instituteurs ; puis les bibliothèques, dont il veut une par département, outre la bibliothèque du roi (nationale) à Paris. Son idée la plus singulière est de dresser, non seulement l'inventaire des livres, mais le bilan de ce qu'ils contiennent ; on recueillerait dans une publication ce qu'ils renferment d'utile, puis on détruirait tout ce fatras, ne gardant que les chefs-d'œuvre.

1. Nous avons cru devoir citer ce passage très étendu pour montrer la conception que Talleyrand se fait des sciences. Encore une fois sa tendance à diviser l'égare. Ainsi les sciences de « l'homme moral » ne lui apparaissent pas comme le prolongement et une dernière partie des « sciences d'observation ; » mais bien qu'il aperçoive, comme on le verra plus bas, l'aide mutuelle qu'elles se prêtent, les premières constituent à ses yeux un *contraste* avec les secondes.

On regardera, non comme courageux, mais comme simple et raisonnable, de détruire tout à fait, d'époques en époques, une prodigieuse quantité d'ouvrages qui n'offriront plus rien, même à la curiosité, et qu'il serait puéril de vouloir encore conserver. L'esprit se soulage par l'espoir que cette multitude immense de productions tant de fois répétées par l'art, et qui n'aurait jamais dû exister, du moins n'existera pas toujours ; qu'enfin, les livres qui ont fait tant de bien aux hommes ne sont pas destinés à leur faire un peu la guerre et au physique et au moral. Or, c'est évidemment du sein des bibliothèques que doit sortir le moyen d'en accélérer la destruction.

A titre *d'encouragements*, des *bourses* sont établies. Puis il y aura des *prix* offerts à tous les âges, puisque tous relèvent de l'instruction. Mais

la récompense du talent doit être simple, pure, modeste comme lui ; *une branche, une inscription, une médaille*, tout ce qui annonce qu'on n'a pas cru le payer, tout ce qui, respectant sa délicatesse dans le choix même du prix, semble laisser à l'estime et à la confiance individuelle le droit et le devoir d'acquitter chaque jour davantage la dette de la nation.

Il aborde ensuite la *méthode*. Elle doit chercher à développer deux qualités : l'attention[1] et la rectitude de la raison. Il a sur ce dernier point un excellent passage pédagogique, que nous citons :

En nous élevant jusqu'à la hauteur des méthodes

1. Talleyrand emprunte à Helvétius sans doute cette idée : qu'il n'y a guère d'autre différence entre l'esprit des hommes que ce qu'y met leur force d'attention.— V. mon article *Helvétius* dans le *Dict. de Pédagogie.*

les plus générales, il nous a semblé que, pour atteindre ce but, il importait souverainement d'intéresser en quelque sorte la conscience des élèves à la recherche de tout ce qui est vrai (la vérité est en effet la morale de l'esprit, comme la justice est la morale du cœur). Il importe non moins vivement d'intéresser leur curiosité, leur ardente émulation, en les faisant comme assister à la création des diverses connaissances dont on veut les enrichir, et en les aidant à partager sur chacune d'elles la gloire même des inventeurs, car ce qui est du domaine de la raison universelle ne doit pas être uniquement offert à la mémoire ; c'est à la raison de chaque individu à s'en emparer : il est mille fois prouvé qu'on ne sait réellement, qu'on ne voit clairement que ce qu'on découvre, ce qu'on invente en quelque sorte soi-même. Hors de là, l'idée qui nous arrive, peut être en nous ; mais elle n'est pas à nous ; mais elle ne fait pas partie de nous ; c'est une plante étrangère qui ne peut jamais prendre racine.

Il est moins heureux ensuite quand il recommande assez vaguement l'analyse et la synthèse et se demande si l'on ne pourrait pas appliquer « la méthode rigoureuse des mathématiciens aux divers objets des connaissances humaines ».

Il parle fort bien de la langue nationale, qu'il veut voir succéder à tous les patois et à tous les dialectes. Le passage suivant pourrait servir d'épigraphe au dictionnaire où Littré, dans notre siècle, a pour la première fois employé une méthode vraiment historique :

La langue française, comme toutes les autres, a subi d'innombrables variations auxquelles le caprice et des rencontres irréfléchies ont eu bien plus de part que la raison ; il faut montrer à celui dont on veut éclairer la raison par le langage, quel a été le sens primitif de chaque mot, comment il s'est altéré, par quelle succession d'idées on est parvenu à détacher d'un sujet ses qualités pour en former un mot abstrait qui ne doit son existence qu'à une hardiesse de l'esprit ; il faut rappeler le figuré à son sens propre, le composé au simple, le dérivé à son primitif ; par là tout est clair ; il règne un accord parfait entre l'idée et son signe, et chaque mot devient une image pure et fidèle de la pensée.

Ayant voulu qu'on perfectionne la Constitution, il demande qu'on perfectionne la langue, et que pour cela, on ne lui laisse que peu de mots, mais bons et précis. Ce problème avait déjà inquiété Fénelon, que Louis XIV appelait l'esprit le plus chimérique du royaume. Il est permis de croire au moins que Talleyrand s'égare un peu. Il s'égare davantage, quand il se jette dans des considérations aventureuses sur une langue universelle. Il est malheureux, trouve-t-il, que celle des signes ne puisse pas s'écrire, car elle conviendrait. Mais pourquoi ne s'écrirait-elle pas ? Il serait amusant que ce fût la langue des muets qui remplaçât toutes celles des gens qui parlent ! Raccommodons-nous avec notre auteur, quand il préconise les langues anciennes et étrangères, surtout au point de vue de l'étude de la nôtre.

Il arrive à de longues considérations sur la *morale*.

Si les relations sont peu étendues, la morale réveille l'idée des vertus domestiques et privées ; elle prend le nom de patriotisme, lorsque ces relations s'étendent sur la société entière dont on fait partie ; enfin elle s'élève jusqu'à l'humanité, à la philanthropie, lorsqu'elles embrassent le genre humain.

Comment l'enseigner ? Talleyrand tient en réserve un moyen assez nouveau :

Dans l'ancien état des choses, le régime intérieur

de chaque école semblait s'être formé sur le régime tyrannique sous lequel la France était opprimée.

Aujourd'hui que le gouvernement représentatif a pris naissance parmi nous, c'est-à-dire, le gouvernement le plus parfait qu'il soit donné à l'homme de concevoir, pourrait-on ne pas chercher à en reproduire l'image dans l'enceinte des sociétés instructives lorsque rien ne s'y oppose, que la raison le demande, et surtout que la morale doit y trouver infailliblement le moyen de s'étendre et de s'affermir dans les âmes? Développons cette idée.

Et il la développe, proposant un système électif pour arriver au gouvernement des élèves par eux-mêmes. Il y a des illusions dans cette utopie nouvelle, je le veux bien ; mais je conseille de la méditer quand on en aura souri.

Enfin, il ne faut oublier ni l'*exemple*, ni l'*histoire* dont il faut faire pour les jeunes gens, non plus une « compilation stérile », mais « un système moral ».

L'instruction de la nation proprement dite se fera par le *théâtre*, où Talleyrand voit justement « une des puissances auxiliaires de la Révolution[1] » et par les *fêtes nationales* :

Vous voudrez conduire les hommes au bien par la route du plaisir.

Vous ordonnerez donc des fêtes.

Mais vos fêtes auront un caractère plus moral ; car elles porteront l'empreinte de cette bienveillance universelle qui embrasse le genre humain tandis que le sentiment qui animait celles des anciens confondait sans cesse l'amour de la cité et la haine pour le reste des hommes.

1. Il se souvient évidemment de Beaumarchais et du *Mariage de Figaro*.

Ces fêtes seront laïques:

Elles ne seront point périodiques ; l'on excepte pourtant l'anniversaire du jour où, les armes à la main, la nation entière a juré la sainte alliance de la liberté et de l'obéissance à la loi, et celui du jour mémorable où l'égalité sembla naître tout à coup de la chute de tous les privilèges [1].

Les autres fêtes, irrégulières, seront laissées à l'initiative locale et à l'inspiration des circonstances.

Les arts, jadis « prostitués aux intérêts de la tyrannie, » vont à leur tour « rompre leurs fers » et concourir à la glorification de la morale.

Les livres élémentaires vont naître, favorisant surtout les progrès de l'agriculture, et les arts mécaniques eux-mêmes vont se perfectionner.

Talleyrand termine par des considérations sur la condition des *femmes*. Il remarque naïvement que leur assujettissement aux hommes est inexplicable par des principes abstraits. Il entre cependant dans des considérations qui n'ont rien de neuf après celles de Mirabeau et, tournant court sur un pareil sujet, propose assez pauvrement l'éducation domestique ou, à son défaut, des espèces de *couvents laïques* où on leur apprendra des métiers convenables à leur sexe.

CONCLUSION

Le moindre défaut du rapport de Talleyrand, dans lequel nous n'avons cessé de pratiquer de larges coupures, c'est d'être trop long. Il fallut trois séances pour le lire ; il finit par laisser froid. Il s'annonce comme très clair ; il cesse enfin de l'être. C'est en vain que l'auteur essaye de ressaisir dans un résumé l'ensemble du plan qu'il vient de tracer. Il ne parvient pas

1. Le 14 juillet, date de la prise de la Bastille et de la Fédération sur le Champ de Mars, où Talleyrand même dit la messe. — Le 4 août, date de l'établissement de l'égalité.

à porter le jour dans l'esprit de son lecteur. La complication infinie des divisions étourdit ; on sent qu'il y a là-dedans trop d'arbitraire. Les différentes séries de considérations qui existent dans l'esprit même de l'auteur s'y livrent une sorte de bataille; il a beau déployer les ressources du plus beau génie d'analyse pour en faire une bataille *rangée ;* c'est une mêlée.

D'autre part, il a voulu trop embrasser pour bien étreindre. Il y a de tout dans ce projet, du vrai et du faux, les plus belles et les plus originales conceptions à côté des vues les plus hasardeuses et les moins pratiques. Ceux qui l'ont écouté ont dû avoir comme un sentiment que tout cela n'était point fait pour devenir appliqué et réel. Le morceau tient quelque chose de l'ancienne éloquence académique ; il part d'un homme imbu de belles-lettres plus que de science et qui, malgré les apparences qu'il se donne, est peut-être un peu indécis sur la nature de l'éducation convenable à l'avenir. C'est un projet magnifique, mais qui n'est ni solide ni viable. C'est, sur le papier, le dessein d'un édifice qui serait superbe, mais qui ne pourrait être construit. La Constituante n'y mit pas même son estampille et passa la main à l'Assemblée législative.

CHAPITRE V

Condorcet[1].

L'Assemblée législative ne déclina par la mission qu'elle avait reçue de la Constituante. Elle aussi se préoccupa vivement de donner à la France une éducation nationale ; mais elle laissa de côté la somptueuse ordonnance des projets pédagogiques proposés par Talleyrand. Un nouvel esprit animait la Chambre nouvelle. Elle trouva son interprète dans un homme à qui ne manquaient pas la force et l'étendue des vues les plus philosophiques : nous avons nommé Condorcet.

Les 20 et 21 avril 1792, il déposa sur le bureau de l'Assemblée un rapport et un projet de décret sur l'organisation générale de l'instruction publique. C'est ce rapport que nous présentons au lecteur. Il débute par des

CONSIDÉRATIONS GÉNÉRALES

Le but de l'instruction publique est de permettre à chacun le libre et entier développement de ses facultés et de ses ressources personnelles, sans lequel l'égalité n'est qu'un mot. La question des métiers spéciaux et celle des malheureux dis-

1. Géomètre, philosophe, homme de lettres, membre de l'Académie des Sciences et de l'Académie française, député de Paris, fut proscrit sous la Convention et s'empoisonna avant d'être conduit au tribunal révolutionnaire. Son ouvrage le plus célèbre est l'*Esquisse d'un tableau historique des progrès de l'esprit humain* qui le classe au premier rang des penseurs.

graciés de la nature, aveugles et sourds-muets, est réservée. Voilà pour l'éducation individuelle.

Mais à côté de cela, il y a une culture destinée à diriger l'activité de l'individu vers le bonheur et le perfectionnement de l'espèce humaine : voilà pour l'éducation sociale :

Mais en considérant sous ce double point de vue la tâche immense qui nous a été imposée, nous avons senti, dès nos premiers pas, qu'il existait une portion du système général de l'instruction, qu'il était possible d'en détacher, sans nuire à l'ensemble, et qu'il était nécessaire d'en séparer, pour accélérer la réalisation du nouveau système ; c'est la distribution et l'organisation générale des établissements d'enseignement public.

Il s'agit, en d'autres termes, de concevoir et d'appliquer un plan administratif d'enseignement national :

Nous avons pensé que dans ce plan d'organisation générale, notre premier soin devant être de rendre, d'un côté, l'éducation aussi égale, aussi universelle ; de l'autre, aussi complète que les circonstances pouvaient le permettre ; qu'il fallait donner à tous également l'instruction qu'il est possible d'étendre sur tous ; mais ne refuser à aucune portion des citoyens l'instruction plus élevée qu'il est impossible de faire partager à la masse entière des individus ; établir l'une, parce qu'elle est utile à ceux qui la reçoivent ; et l'autre, parce qu'elle l'est à ceux mêmes qui ne la reçoivent pas.

Le principe de la liberté de l'enseignement est posé, sous la sage réserve du contrôle de l'autorité supérieure :

La première condition de toute instruction étant de n'enseigner que des vérités, les établissements que la puissance publique y consacre doivent être aussi indépendants qu'il est possible de toute autorité politique, et comme, néanmoins, cette indépendance ne peut être absolue, il résulte du même principe qu'il faut ne les rendre dépendants que de l'assemblée des Représentants du peuple.

L'étendue de l'instruction, qui n'a d'autres limites que celles de la vie humaine, n'est pas moins explicitement reconnue par Condorcet que par ses prédécesseurs :

Nous avons, observé, enfin, que l'instruction ne devait pas abandonner les individus au moment où ils sortent des écoles ; qu'elle devait embrasser tous les âges ; qu'il n'y en avait aucun où il ne fût utile et possible d'apprendre, et que cette seconde instruction est d'autant plus nécessaire, que celle de l'enfance a été resserrée dans des bornes plus étroites.

L'instruction doit être universelle :

Nous n'avons pas voulu qu'un seul homme, dans l'empire, pût dire désormais : la loi m'assurait une entière égalité de droits ; mais on me refuse les moyens de les connaître.

Ainsi, l'instruction doit être universelle, c'est-à-dire s'étendre à tous les citoyens. Elle doit être répartie avec toute l'égalité que permettent les limites nécessaires de la dépense, la distribution des hommes sur le territoire, et le temps plus ou moins long que les enfants peuvent y consacrer. Elle doit, dans ses divers degrés, embrasser le système entier des connaissances humaines, et assurer aux hommes, dans tous les âges de la vie, la facilité de conserver leurs connaissances, ou d'en acquérir de nouvelles.

Une pleine liberté de discussion est réservée à la nation :

Enfin, aucun pouvoir public ne doit avoir ni l'autorité, ni même le crédit, d'empêcher le développement des vérités nouvelles, l'enseignement des théories contraires à sa politique particulière ou à ses intérêts momentanés.

Tels ont été les principes qui nous ont guidés dans notre travail.

ENSEIGNEMENT PRIMAIRE.

Nous avons distingué cinq degrés d'instruction sous le nom : 1° d'écoles primaires ; 2° d'écoles secondaires ; 3° d'instituts ; 4° de lycées ; 5° de société nationale des sciences et des arts.

On enseigne, dans les écoles primaires, ce qui est nécessaire à chaque individu pour se conduire lui-même, et jouir de la plénitude de ses droits. Cette instruction servira même à ceux qui profiteront des leçons destinées aux hommes pour les rendre capables des fonctions publiques les plus simples, auxquelles il est bon que tout citoyen puisse être appelé, comme celles de juré, d'officier municipal.

Leur programme :

On enseignera, dans ces écoles, à lire, à écrire, ce qui suppose nécessairement quelques notions grammaticales ; on y joindra les règles de l'arithmétique, des méthodes simples de mesurer exactement un terrain, de toiser un édifice ; une description élémentaire des productions du pays, des procédés de l'agriculture et des arts ; le développement des premières idées morales, et des règles de conduite qui en dérivent; enfin ceux des principes de l'ordre social qu'on peut mettre à la portée de l'enfance[1].

Quant à l'instruction de l'âge mûr, Condorcet decrète du premier coup l'institution qui, retrouvée, reprise et développée à notre époque, rend pour ainsi dire hommage à la pénétration prophétique de son esprit :

Chaque dimanche, l'instituteur ouvrira une *conférence publique,* à laquelle assisteront les citoyens de tous les âges ; nous avons dans cette institution un moyen de donner aux jeunes gens celles des connaissances nécessaires qui n'ont pu cependant faire partie de leur première éducation. On y développera les principes et les règles de la morale avec plus d'étendue, ainsi que cette partie des lois nationales dont l'ignorance empêcherait un citoyen de connaître ses droits et de les exercer.

Ainsi, dans ces écoles, les vérités premières de la science sociale précéderont leurs applications. Ni la Constitution française, ni même la Déclaration des droits, ne seront présentées à aucune classe des citoyens comme des tables descendues du ciel qu'il faut adorer et croire. Leur enthousiasme ne sera point fondé sur les préjugés, sur les habitudes de l'enfance et on pourra leur dire : cette Déclaration des droits, qui vous apprend à la fois ce que vous devez à la société, et ce que vous êtes en droit d'exiger d'elle, cette Constitution que vous devez maintenir aux dépens de votre vie, ne sont que le développement de ces prin-

1. Voyez qu'il n'est plus question ici de faire un catéchisme aux enfants avec la Constitution et la Déclaration des droits de l'homme. On sent immédiatement un homme qui ne se meut plus dans l'abstraction et qui connaît le développement gradué de l'esprit humain.

cipes simples, dictés par la nature et par la raison, dont vous avez appris, dans vos premières années, à reconnaître l'éternelle vérité [1].

En continuant ainsi l'instruction pendant toute la durée de la vie, on empêchera les connaissances acquises dans les écoles de s'effacer trop promptement de la mémoire, on entretiendra dans les esprits une activité utile; on instruira le peuple des lois nouvelles, des observations d'agriculture, des méthodes économiques qu'il lui importe de ne pas ignorer. On pourra lui montrer enfin l'art de s'instruire par soi-même, comme à chercher un mot dans un dictionnaire, à se servir de la table d'un livre, à suivre sur une carte, sur un plan, sur un dessin, des narrations ou des descriptions, des notes ou des extraits. Ces moyens d'apprendre, que, dans une éducation plus étendue, on acquiert par la seule habitude, doivent être directement enseignés dans une instruction bornée à un temps plus court et à un petit nombre de leçons.

Nous n'avons ici parlé, soit pour les enfants, soit pour les hommes, que de l'enseignement direct. D'autres moyens seront l'objet d'une autre partie de notre travail.

Ainsi, par exemple, les fêtes nationales, en rappelant aux habitants des campagnes, aux citoyens des villes, es époques glorieuses de la liberté, en consacrant la mémoire des hommes dont les vertus ont honoré leur séjour, en célébrant les actions de dévoue-

1. J'avoue naïvement que j'admire pour ma part, dans cette époque d'enthousiasme et de *poursuite de l'absolu*, ce sens profond de la relativité des choses humaines, des droits de la raison, de la science et de la vérité.

ment ou de courage dont il a été le théâtre, leur apprendront à chérir les devoirs qu'on leur aura fait connaître. D'un autre côté, dans la description intérieure des écoles, on prendra soin d'instruire les enfants à être bons et justes ; on leur fera pratiquer, les uns à l'égard des autres, les principes qu'on leur aura enseignés ; et par là, en même temps qu'on leur fera prendre l'habitude d'y conformer leur conduite, ils apprendront à les mieux entendre, à en sentir plus fortement l'utilité et la justice.

On fera composer de bons livres élémentaires pour les hommes et pour les enfants.

La gymnastique ne sera point oubliée ; mais on aura soin d'en diriger les exercices de manière à développer toutes les forces avec égalité, à détruire les effets des habitudes forcées que donnent les diverses espèces de travaux.

Dans deux *notes* excellentes, Condorcet développe ses idées sur l'éducation morale avec toute la justesse du moraliste le plus fin et du psychologue le plus savant. Nous ne résistons pas au plaisir de les donner tout entières.

NOTE PREMIÈRE.

Il serait très facile dans les écoles, dans les jeux du gymnase, dans les fêtes, d'exercer les enfants à la pratique des sentiments les plus nécessaires à fortifier dans leur âme, tels que la justice, l'amour de l'égalité, l'indulgence, l'humanité, l'élévation d'âme.

On peut même les familiariser avec quelques-unes des fonctions sociales, comme les élections, l'ordre d'une assemblée, etc.

Mais il faut éviter qu'ils ne voient dans ces formes un rôle qu'on leur donne à jouer et qu'on ne leur fasse contracter ou l'habitude de l'hypocrisie extérieure, ou un caractère de pédanterie.

Comme les enfants n'ont que des intérêts très peu compliqués et des occupations très simples, ils observent beaucoup tout ce qui les entoure ; et s'ils s'aperçoivent une fois qu'on se moque d'eux en leur faisant faire sérieusement une bagatelle, ils le rendent au maître avec usure [1].

D'ailleurs, une plaisanterie qui s'est une fois présentée à un enfant gai et malin se perpétue dans l'établissement de génération en génération, et suffit pour rendre ridicule aux yeux des élèves une institution qui, suivie de bonne foi, aurait été très utile.

NOTE DEUXIÈME.

Les sentiments naturels, tels que la compassion, la bienfaisance, l'amitié pour les parents, pour les frères, pour les compagnons de leurs amusements, la reconnaissance, se développent de bonne heure dans les enfants. L'habitude de ces sentiments conduit aux idées morales ; et de la combinaison de ces idées naissent les préceptes auxquels nous soumettons notre conduite pour notre intérêt, et surtout pour celui de ne pas éprouver une peine intérieure qui en suit nécessairement la violation.

Tel est l'ordre de la nature, qu'il est facile de suivre

1. N'est-ce pas la mesure où l'idée de Talleyrand devient sérieuse et pratique ?

dans l'instruction. De courtes histoires serviraient à développer, à diriger les sentiments moraux, à les fortifier par l'attention. Une analyse des idées morales les plus saines viendrait ensuite, et on n'aurait besoin ni d'enseigner, ni de prouver les préceptes, mais seulement de les faire remarquer, parce qu'ils se trouveront d'avance dans l'esprit des enfants, avec le sentiment qui en garantit l'observation [1].

ÉCOLES SECONDAIRES.

Les écoles secondaires sont destinées aux enfants dont les familles peuvent se passer plus longtemps de leur travail, et consacrer à leur éducation un plus grand nombre d'années, ou mêmes quelques avances.

Leur programme :

Quelques notions de mathématiques, d'histoire naturelle et de chimie nécessaires aux arts, des développements plus étendus des principes de la morale et de la science sociale, des leçons élémentaires de commerce y formeront le fonds de l'instruction. Les instituteurs donneront des conférences hebdomadaires, ouvertes à tous les citoyens. Chaque école aura une petite bibliothèque, un petit cabinet où l'on placera quelques instruments météorologiques, quelques modèles de machines ou de métiers, quelques objets d'histoire naturelle ; et ce sera pour les hom-

1. On n'a jamais rien dit de plus juste. Telle est la marche du concret à l'abstrait, du sentiment à l'idée. C'est la méthode *intuitive* appliquée à l'ordre des choses morales.

mes un nouveau moyen d'instruction. Sans doute ces collections seront d'abord presque nulles, mais elles s'accroîtront avec le temps, s'augmenteront par des dons, se compléteront par des échanges ; elles répandront le goût de l'observation et de l'étude ; et ce goût contribuera bientôt à leur progrès [1].

Quelques considérations sur l'extrême division du travail mécanique, qui produirait en effet l'abrutissement, si on n'en faisait au contraire l'affranchissement de l'esprit :

Il y a plus : à mesure que les manufactures se perfectionnent, leurs opérations se divisent de plus en plus, ou tendent sans cesse à ne charger chaque individu que d'un travail purement mécanique et réduit à un petit nombre de mouvements simples ; travail qu'il exécute mieux et plus promptement, mais par l'effet de la seule habitude, et dans lequel son esprit cesse presque entièrement d'agir. Ainsi le perfectionnement des arts deviendrait, pour une partie de l'espèce humaine, une cause de stupidité ; ferait naître, dans chaque nation, une classe d'hommes incapables de s'élever au-dessus des plus grossiers intérêts ; y introduirait et une inégalité humiliante, et une semence de troubles dangereux, si une instruction plus étendue n'offrait aux individus de cette même classe une ressource contre l'effet infaillible de la monotonie de leurs occupations.

Les conférences hebdomadaires, proposées pour ces deux premiers degrés, ne doivent pas être regardées comme un faible moyen d'instruction. Quarante ou cinquante leçons par année peuvent renfermer une grande étendue de connaissances, dont les plus

1. Voilà l'idée de nos bibliothèques et de nos musées scolaires.

importantes répétées chaque année, d'autres tous les deux ans, finiront par être entièrement comprises, retenues, par ne pouvoir plus être oubliées. En même temps une autre portion de cet enseignement se renouvellera continuellement.

Qu'on ne craigne pas que la gravité de ces instructions en écarte le peuple. Pour l'homme occupé de travaux corporels, le repos seul est un plaisir ; et une légère contention d'esprit, un véritable délassement: c'est pour lui, ce qu'est le mouvement du corps pour le savant livré à des études sédentaires, un moyen de ne pas laisser engourdir celles de ses facultés que ses occupations habituelles n'exercent pas assez.

NOTE TROISIÈME.

Il est utile à tout homme de pouvoir mesurer les distances, arpenter un champ, toiser un mur, évaluer le travail d'un fossé, d'un transport de terre; mais l'individu qui ne fait ces opérations que pour lui-même, et non pas pour autrui, n'a besoin de connaître ni les méthodes les plus simples, ni les moyens d'éviter les très petites erreurs. Dès lors, il n'a besoin, pour acquérir ces connaissances, que de propositions de géométrie très élémentaires, et qui se démontrent, pour ainsi dire, à la simple vue.

Personne ne niera sans doute la facilité et l'utilité d'enseigner à connaître les plantes communes les plus utiles ou les plus nuisibles, les animaux du pays, les terres, les pierres qu'il renferme ; enfin, de donner quelques principes simples d'agriculture et de jardinage.

Des notions élémentaires de physique sont nécessaires, ne fût-ce que pour préserver des sorciers et des fabricateurs ou raconteurs de miracles. Je voudrais même que les maîtres en fissent de temps en temps quelques-unes dans les leçons hebdomadaires et publiques.

Ce moyen de détruire la superstition est un des plus simples et des plus efficaces. On n'égarera point, au nom d'un pouvoir capricieux et jaloux, l'homme une fois convaincu que la nature entière est soumise à des lois générales et nécessaires.

Ils acquerront avec aussi peu de peine les connaissances grammaticales ou d'orthographe nécessaires pour que la langue et l'écriture de la généralité des citoyens se perfectionnent peu à peu ; et il est important, pour le maintien de l'égalité réelle, que la langue cesse de séparer les hommes en deux classes.

Si, au contraire, une instruction suffisante permet au peuple d'opposer la curiosité à l'ennui, ces habitudes doivent naturellement disparaître, et avec elles l'abrutissement ou la grossièreté qui en sont la suite.

Ainsi, l'instruction est encore, sous ce point de vue, la sauvegarde la plus sûre des mœurs du peuple.

INSTITUTS.

Le troisième degré d'instruction embrasse les éléments de toutes les connaissances humaines.

L'instruction considérée comme partie de l'éducation générale y est absolument complète.

Elle renferme ce qui est nécessaire pour être en

état de se préparer à remplir les fonctions publiques qui exigent le plus de lumières, ou de se livrer avec succès à des études plus approfondies ; c'est là que se formeront les instituteurs des écoles secondaires, que se perfectionneront les maîtres des écoles primaires déjà formés dans celles du second degré[1].

Le nombre des Instituts a été porté à cent dix et il en sera établi dans chaque département.

On y enseignera non seulement ce qu'il est utile de savoir comme homme, comme citoyen, à quelque profession qu'on se destine ; mais aussi tout ce qui peut l'être pour chaque grande division de ces professions, comme l'agriculture, les arts mécaniques, l'art militaire ; et même on y a joint les connaissances médicales nécessaires aux simples praticiens, aux sages-femmes, aux artistes vétérinaires.

Condorcet annonce qu'il ne proposera pas dans son plan d'autre division que celle qui est communément reçue par l'usage. La page suivante est la meilleure critique des classifications arbitraires que j'ai signalées chez Talleyrand. On doit de n'en rien tronquer à sa haute valeur philosophique.

Peut-être une classification philosophique des sciences n'eût été dans l'application qu'embarrassante, et presque impraticable. En effet, prendrait-on pour base les diverses facultés de l'esprit ? Mais l'étude de chaque science les met toutes en activité, et contribue à les développer, à les perfectionner. Nous les exerçons même toutes à la fois, presque dans chacune des opérations intellectuelles. Comment attri-

1. Le projet de Condorcet, comme on va le voir, comporte avec quelque prodigalité cinq degrés d'instruction publique.

buerez-vous telle partie des connaissances humaines à la mémoire, à l'imagination, à la raison, si lorsque vous demandez, par exemple, à un enfant de démontrer sur une planche une proposition de géométrie, il ne peut y parvenir sans employer à la fois sa mémoire, son imagination et sa raison ? Vous mettrez sans doute la connaissance des faits dans la classe que vous affectez à la mémoire ; vous placerez donc l'histoire naturelle à côté de celle des nations, l'étude des arts auprès de celle des langues ; vous les séparerez de la chimie, de la politique, de la physique, de l'analyse métaphysique, sciences auxquelles ces connaissances de faits *sont liées*, et par la nature des choses, et par la méthode même de les traiter[1].

Prendra-t-on pour base la nature des objets ? Mais le même objet, suivant la manière de l'envisager, appartient à des sciences absolument différentes. Ces sciences ainsi classées exigent des qualités d'esprit qu'une même personne réunit rarement ; il aurait été très difficile de trouver, et peut-être de former des hommes en état de se plier à ces divisions d'enseignement. Les mêmes sciences ne se rapporteraient pas aux mêmes professions, leurs parties n'inspireraient pas un goût égal aux mêmes esprits, et ces divisions auraient fatigué les élèves comme les maîtres.

Quelque autre base philosophique que l'on choisisse, on se trouvera toujours arrêté par des obstacles

1. Si Concordet se refuse à classer les sciences *parallèlement* les unes aux autres, c'est parce qu'il a le sentiment profond de leur *continuité*, les sciences mathématiques se continuant par les sciences concrètes dont le point d'aboutissement est dans les sciences de l'homme. Il y a donc bien une classification, et même naturelle, mais il n'y a pas division, *contraste*, comme l'a cru Talleyrand.

du même genre. D'ailleurs il fallait donner à chaque partie une certaine étendue, et maintenir entre elles une espèce d'équilibre ; or, dans une division philosophique, on ne pourrait y parvenir qu'en réunissant par l'enseignement ce qu'on aurait séparé par la classification.

Nous avons donc imité dans nos distributions la marche que l'esprit humain a suivie dans ses recherches, sans prétendre l'assujettir à en prendre une autre, d'après celle que nous donnerions à l'enseignement [1]. Le génie veut être libre, toute servitude le flétrit, et souvent on le voit porter encore, lorsqu'il est dans toute sa force, l'empreinte des fers qu'on lui avait donnés au moment où son premier germe se développait dans les exercices de l'enfance. Ainsi, puisqu'il faut nécessairement une distribution d'études, nous avons dû préférer celle qui s'était elle-même librement établie, au milieu des progrès rapides que tous les genres de connaissances ont faits depuis un demi-siècle.

Le plan de Condorcet donnait le pas à l'enseignement scientifique sur l'enseignement littéraire.

Plusieurs motifs ont déterminé l'espèce de préférence accordée aux sciences mathématiques et phy-

1. Le principe est excellent et scientifique. Il faut, tout en respectant la liberté de l'esprit, faire passer l'enfant par la succession des connaissances que l'humanité même a acquises, et dans le même ordre. Il faut que le développement de l'individu reproduise rapidement celui de l'espèce, moins les erreurs. Malheureusement, à l'époque de Condorcet, cette histoire de l'évolution de la science n'avait pas encore été bien déterminée. Fortement ébauchée, dans notre siècle, par les travaux d'Auguste Comte, elle attend peut-être encore, malgré les philosophes contemporains, ses derniers éclaircissements.

siques. D'abord pour les hommes qui ne se dévouent point à de longues méditations, qui n'approfondissent aucun genre de connaissances, l'étude, même élémentaire, de ces sciences est le moyen le plus sûr de développer leurs facultés intellectuelles, de leur apprendre à raisonner juste, à bien analyser leurs idées. On peut sans doute en s'appliquant à la littérature, à la grammaire, à l'histoire, à la politique, à la philosophie en général, acquérir de la justesse, de la méthode, une logique saine et profonde, et cependant ignorer les sciences naturelles. De grands exemples l'ont prouvé ; mais les connaissances élémentaires dans ces mêmes genres n'ont pas cet avantage ; elles emploient la raison, mais elles ne la formeraient pas[1].

Avantages des sciences naturelles :

Les éléments y sont une véritable partie de la science, resserrée dans d'étroites limites, mais complète en elle-même.

Elles offrent encore à la raison un moyen de s'exercer, à la portée d'un plus grand nombre d'esprits, surtout dans la jeunesse.

Il n'est pas d'enfant, s'il n'est absolument stupide, qui ne puisse acquérir quelque habitude d'application, par des leçons élémentaires d'histoire naturelle ou d'agriculture.

Ces sciences sont contre les préjugés, contre la petitesse d'esprit, un remède sinon plus sûr, du moins plus universel que la philosophie même. Elles sont utiles dans toutes les professions ; et il est aisé de

1. J'espère avoir montré, dans mon introduction, comment elles développent surtout l'imagination.

voir combien elles le seraient davantage, si elles étaient plus uniformément répandues. Ceux qui en suivent la marche voient approcher l'époque où l'utilité pratique de leur application va prendre une étendue à laquelle on n'aurait osé porter ses espérances, où les progrès des sciences physiques doivent produire une heureuse révolution dans les arts ; et le plus sûr moyen d'accélérer cette révolution est de répandre ces connaissances dans toutes les classes de la société, de leur faciliter les moyens de les acquérir.

Enfin nous avons cédé à l'impulsion générale des esprits, qui, en Europe, semblent se porter vers ces sciences avec une ardeur toujours croissante.

Dans la partie de l'ancien enseignement qui répond à ce troisième degré d'instruction, on se bornait à un petit nombre d'objets : nous devons les embrasser tous. On semblait n'avoir voulu faire que des théologiens ou des prédicateurs : nous aspirons à former des hommes éclairés.

NOTE QUATRIÈME.

La littérature a des bornes, les sciences d'opération et de calcul n'en ont point. Au-dessous d'un certain degré de talent, le goût des occupations littéraires donne ou un orgueil ridicule, ou une honteuse jalousie pour les talents auxquels on ne peut atteindre. Dans les sciences, au contraire, ce n'est pas avec l'opinion des hommes, mais avec la nature, qu'on engage un combat où le triomphe est presque toujours certain, où chaque victoire en présage une nouvelle.

LANGUES ANCIENNES.

L'ancien enseignement n'était pas moins vicieux par sa forme que par le choix et la distribution des objets.

Pendant six années, une étude progressive du latin faisait le fonds de l'instruction ; et c'était sur ce fonds qu'on répandait les principes généraux de la grammaire, quelques connaissances de géographie et d'histoire, quelques notions de l'art de parler et d'écrire.

Condorcet ne fait, à l'enseignement des langues anciennes, qu'une place assez restreinte. Il est sévère pour elles. Comme Talleyrand, il remplace les classes par des cours. Il ajoute :

On pourra trouver encore la langue latine trop négligée, mais sous quel point de vue une langue doit-elle être considérée dans une éducation générale ?

Ne suffit-il pas de mettre les élèves en état de lire les livres vraiment utiles écrits dans cette langue, et de pouvoir, sans maîtres, faire de nouveaux progrès? Peut-on regarder la connaissance approfondie d'un idiome étranger, celle des beautés de style qu'offrent les ouvrages des hommes de génie qui l'ont employé, comme une de ces connaissances générales que tout homme éclairé, tout citoyen qui se destine aux emplois de la société les plus importants ne puisse ignorer ?

Par quel privilège singulier, lorsque le temps destiné pour l'instruction, lorsque l'objet même de l'enseignement force de se borner dans tous les genres à des connaissances élémentaires, et de laisser ensuite le goût des jeunes gens se porter librement vers celles qu'il veut cultiver, le latin seul serait-il l'objet d'une instruction plus étendue? Le considère-t-on comme la langue générale des savants, quoiqu'il perde tous les jours cet avantage?

Mais une connaissance élémentaire du latin suffit pour lire leurs livres ; mais il ne se trouve aucun ouvrage de science, de philosophie, de politique vraiment important, qui n'ait été traduit; mais toutes les vérités que renferment ces livres existent, et mieux développées, et réunies à des vérités nouvelles, dans les livres écrits en langue vulgaire.

La lecture des originaux n'est proprement utile qu'à ceux dont l'objet n'est pas l'étude de la science même, mais celle de son histoire.

Enfin puisqu'il faut tout dire, puisque tous les préjugés doivent aujourd'hui disparaître, l'étude longue, approfondie, des langues des anciens, étude qui nécessiterait la lecture des livres qu'ils nous ont laissés, serait peut-être plus nuisible qu'utile.

Nous cherchons dans l'éducation à faire connaître des vérités et ces livres sont remplis d'erreurs. Nous cherchons à former la raison et ces livres peuvent l'égarer.

Nous sommes si éloignés des anciens, nous les avons tellement devancés dans la route de la vérité, qu'il faut avoir sa raison déjà tout armée pour que ces précieuses dépouilles puissent l'enrichir sans la corrompre.

Comme modèles dans l'art d'écrire, dans l'éloquence, dans la poésie, les anciens ne peuvent même servir qu'aux esprits déjà fortifiés par des études premières. Qu'est-ce, en effet, que des modèles qu'on ne peut imiter sans examiner sans cesse ce que la différence des mœurs, des langues, des religions, des idées, oblige de changer ?

Il était alors permis, utile peut-être, d'émouvoir le peuple. Nous lui devons de ne chercher qu'à l'éclairer. Pesez toute l'influence que ce changement dans la forme des constitutions, toute celle que l'invention de l'imprimerie peuvent avoir sur les règles de l'art de parler, et prononcez ensuite si c'est aux premières années de la jeunesse que les orateurs anciens doivent être donnés pour modèles.

Le respect de la raison donne ici aux idées de Condorcet de l'étroitesse et de la froideur. Je vois aussi du vrai et du faux dans la

NOTE CINQUIÈME.

Cette habitude des idées antiques, prise dans notre jeunesse, est peut-être une des principales causes de ce penchant, presque général, à fonder nos nouvelles vertus politiques sur un enthousiasme inspiré dès l'enfance.

Il est utile, s'il a pour base la vérité, et nuisible, s'il s'appuie sur l'erreur. Une fois excité, il sert l'erreur comme la vérité ; et dès lors il ne sert réellement que l'erreur, parce que, sans lui, la vérité triompherait encore par ses propres forces.

Il faut donc qu'un examen froid et sévère, où la raison seule soit écoutée, précède le moment de l'enthousiasme.

Il faut, sans doute, parler à l'imagination des enfants ; car il est bon d'exercer cette faculté comme toutes les autres ; mais il serait coupable de vouloir s'en emparer, même en faveur de ce qu'au fond de notre conscience nous croyons être la vérité.

L'auteur semble oublier qu'il a montré lui-même comment le sentiment est la route nécessaire de l'idée. Il y a dans tout cela des erreurs ; mais la cause en est encore belle puisque c'est un excès de scrupule. La fin est empreinte d'un plus haut idéal :

J'ai raison de croire à une expérience physique sur le nom d'un savant dont j'ai vérifié la science et l'exactitude ; je serais un sot d'y croire sur l'autorité d'un pontife ou d'un consul. Or, il faut désespérer du salut de la raison humaine, ou appliquer cette même règle à la morale et à la politique. Hâtons-nous donc de substituer le raisonnement à l'éloquence, les livres aux parleurs, et de porter enfin dans les sciences morales la philosophie et la méthode des sciences physiques.

SCIENCES MORALES ET POLITIQUES.

Vous devez à la nation française une instruction au niveau de l'esprit du XVIIIe siècle, de cette philosophie qui, en éclairant la génération contemporaine, présage, prépare et devance déjà la raison supérieure à laquelle les progrès nécessaires du genre humain appellent les générations futures.

Tels ont été nos principes ; et c'est d'après cette philosophie, libre de toutes les chaînes, affranchie de toute autorité, de toute habitude ancienne, que nous avons choisi et classé les objets de l'instruction publique. C'est d'après cette même philosophie que nous avons regardé les sciences morales et politiques comme une partie essentielle de l'instruction commune.

Comment espérer, en effet, d'élever jamais la morale du peuple, si l'on ne donne pour base à celle des hommes qui doivent l'éclairer, qui sont destinés à le diriger, une analyse exacte, rigoureuse des sentiments moraux, des idées qui en résultent, des principes de justice qui en sont la conséquence?

Les bonnes lois, disait Platon, sont celles que les citoyens aiment plus que la vie.

En effet, comment les lois seraient-elles bonnes, si, pour les faire exécuter, il fallait employer une force étrangère à celle de la volonté du peuple, et prêter à la justice l'appui de la tyrannie ? Mais pour que les citoyens aiment les lois sans cesser d'être vraiment libres, pour qu'ils conservent cette indépendance de la raison, sans laquelle l'ardeur pour la liberté n'est qu'une passion et non une vertu, il faut qu'ils connaissent ces principes de la justice naturelle, ces droits essentiels de l'homme, dont les lois ne sont que le développement ou les applications.

Il faut savoir distinguer ce dévouement de la raison qu'on doit aux lois qu'elle approuve, de cette soumission, de cet appui extérieur que le citoyen leur doit encore, lors même que ses lumières lui en montrent le danger ou l'imperfection. Il faut qu'en aimant les lois on sache les juger.

Jamais un peuple ne jouira d'une liberté constante, assurée, si l'instruction dans les sciences politiques n'est pas générale, si elle n'y est pas indépendante de toutes les institutions sociales, si l'enthousiasme que vous excitez dans l'âme des citoyens n'est pas dirigé par la raison, s'il peut s'allumer pour ce qui ne serait pas la vérité.

NOTE SIXIÈME.

L'égalité des esprits et celle de l'instruction sont des chimères. Il faut donc chercher à rendre utile cette inégalité nécessaire. Or, le moyen le plus sûr d'y parvenir n'est-il pas de diriger les esprits vers les occupations qui mettent un individu en état d'enseigner les autres, de les défendre contre l'erreur ; de contribuer à leur sûreté, à leur prospérité, à leur soulagement, à leur bonheur, soit dans l'exercice des fonctions publiques, soit dans les professions qui exigent des lumières ; de substituer, en un mot, à des hommes habiles qui prétendraient gouverner, des hommes instruits qui ne veulent qu'éclairer ou servir ?

CONFÉRENCES PUBLIQUES.

Les professeurs tiendront une fois par mois des conférences publiques.

Comme elles sont destinées à des hommes déjà plus instruits, plus en état d'acquérir des lumières par eux-mêmes, il est moins nécessaire de les multiplier.

Elles auront pour objet principal les découvertes dans les sciences, les expériences, les observations nouvelles, les procédés utiles aux arts ; et, par nouveau, l'on entend ici ce qui, sans sortir des limites d'une instruction élémentaire, n'est pas encore placé au rang des connaissances communes, des procédés généralement adoptés. Auprès de chaque collège on trouvera une bibliothèque, un cabinet, un jardin de botanique, un jardin d'agriculture. Ces établissements seront confiés à un conservateur ; et l'on sent que des hommes qui ne sont pas sans quelques lumières, peuvent apprendre beaucoup, en profitant de ces collections et des éclaircissements que les professeurs ne leur refuseront pas.

Enfin, comme dans ce degré d'instruction il ne faut pas se borner à de simples explications, qu'il faut encore exercer les élèves, soit à des démonstrations, à des discussions, soit même à quelques compositions ; qu'il est nécessaire de s'assurer s'ils entendent, s'ils retiennent ; si leurs facultés intellectuelles acquièrent de l'activité et de la force ; on pourra réserver dans chaque salle une place destinée à ceux qui, sans être élèves, sans être, par conséquent, assujettis aux questions qu'on leur fait, aux travaux qu'on leur impose, voudraient suivre un cours d'instruction, ou assister à quelques leçons.

Cette espèce de publicité, réglée de manière qu'elle ne puisse troubler l'ordre de l'enseignement, aurait trois avantages : le premier, de procurer des moyens de s'éclairer à ceux des citoyens qui n'ont pu recevoir une instruction complète, ou qui n'en ont pas assez profité ; de leur offrir la faculté d'acquérir à tous les âges les connaissances qui peuvent leur devenir utiles, de faire en sorte que le bien immédiat qui peut résulter du progrès des sciences ne soit pas exclusivement réservé aux savants et à la jeunesse ; le second, que les parents pourront être témoins des leçons données à leurs enfants ; le troisième, enfin, que les jeunes gens, mis en quelque sorte sous les yeux du public, en auront plus d'émulation, et prendront de bonne heure l'habitude de parler avec assurance, avec facilité, avec décence ; habitude qu'un petit nombre d'exercices solennels ne pourrait leur faire contracter.

Dans les villes de garnison, on pourra charger le professeur d'art militaire d'ouvrir, pour les soldats, une conférence hebdomadaire, dont le principal objet sera l'explication des lois et des règlements militaires, le soin de leur en développer l'esprit et les motifs ; car l'obéissance du soldat à la discipline ne doit plus se distinguer de la soumission du citoyen à la loi ; elle doit être également éclairée et commandée par la raison et par l'amour de la patrie, avant de l'être par la force et par la crainte de la peine.

Tandis qu'on enseignera, dans les instituts, la théorie élémentaire des sciences médicales, théorie suffisante pour éclairer la pratique de l'art, les médecins des hôpitaux pourront enseigner cette pratique et donner des leçons de chirurgie.

Dans les ports de mer, des professeurs particuliers d'hydrographie, de pilotage, pourront enseigner l'art nautique à des élèves que les leçons de mathématiques, d'astronomie, de physique, qui font partie de l'enseignement général, auront déjà préparés. Ailleurs, à l'aide de ces mêmes leçons, un petit nombre de maîtres suffira pour former d'autres élèves à la pratique de l'art des constructions ; et dans tous les genres, cette distribution de l'instruction commune rendra plus simple et moins dispendieuse toute espèce d'instruction particulière dont l'utilité publique exigerait l'établissement.

Le passage suivant jette les plus vives lumières sur la séparation de l'Eglise et de l'École et sur l'indépendance de la morale :

Les principes de la morale, enseignés dans les écoles et dans les instituts, seront ceux qui, fondés sur nos sentiments naturels et sur la raison, appartiennent également à tous les hommes. La Constitution en reconnaissant le droit qu'a chaque individu de choisir son culte, en établissant une entière égalité entre tous les habitants de la France, ne permet point d'admettre, dans l'instruction publique, un enseignement qui, en repoussant les enfants d'une partie des citoyens, détruirait l'égalité des avantages sociaux, et donnerait à des dogmes particuliers un avantage contraire à la liberté des opinions. Il était donc rigoureusement nécessaire de séparer de la morale les principes de toute religion particulière, et de n'admettre dans l'instruction publique l'enseignement d'aucun culte religieux.

Chacun d'eux doit être enseigné dans les temples par ses propres ministres. Les parents, quelle que soit leur opinion sur la nécessité de telle ou telle religion, pourront alors sans répugnance envoyer leurs enfants dans les établissements nationaux, et la puissance publique n'aura point usurpé sur les droits de la conscience, sous prétexte de l'éclairer et de la conduire.

D'ailleurs, n'est-il pas important de fonder la morale sur les principes de la raison ? Quelque changement que subissent les opinions d'un homme dans le cours de sa vie, les principes établis sur cette base resteront toujours également vrais, ils seront toujours invariables comme elle ; il les opposera aux tentatives que l'on pourrait faire pour égarer sa conscience ; elle conservera son indépendance et sa rectitude, et on ne verra plus ce spectacle si affligeant d'hommes qui s'imaginent remplir leurs devoirs en violant les droits les plus sacrés, et obéir à Dieu en trahissant leur patrie.

Ceux qui croient encore à la nécessité d'appuyer la morale sur une religion particulière, doivent eux-mêmes approuver cette séparation : car sans doute ce n'est pas la vérité des principes de la morale qu'ils font dépendre de leurs dogmes ; ils pensent seulement que les hommes y trouvent des motifs plus puissants d'être justes ; et ces motifs n'acquerront-ils pas une force plus grande sur tout esprit capable de réfléchir, s'ils ne sont employés qu'à fortifier ce que la raison et le sentiment intérieur ont déjà commandé ?

Dira-t-on que l'idée de cette séparation s'élève trop au-dessus des lumières actuelles du peuple? Non, sans doute ; car, puisqu'il s'agit ici d'instruction publique, tolérer une erreur, ce serait s'en rendre complice ; ne pas consacrer hautement la vérité, ce serait la trahir[1].

NOTE SEPTIÈME.

On dit : Il faut une religion au commun des hommes. Si ces mots ont un sens, s'ils ne sont pas une insulte à la raison et à l'espèce humaine, ils signifient que la croyance d'un Être suprême et les sentiments religieux qui nous portent vers lui sont utiles à la morale. Or, en supposant cette opinion fondée, il en

1. On peut ne point partager cette opinion sur la séparation immédiate de l'Église et de l'État. Mais qui donc a dit que Condorcet écrivait mal ?

résulte qu'il faut également se garder et de faire enseigner une religion particulière, et de salarier un culte ; car, dans cette hypothèse, ce qui est utile, c'est précisément ce qui est commun à toutes les religions et à tous les cultes.

Il en résulterait encore que toute religion particulière est mauvaise, parce qu'elle dirige nécessairement vers un but qui lui est propre, et si elle a des prêtres, vers l'intérêt de ses prêtres, ces mêmes sentiments religieux qu'on suppose nécessaires à la morale.

De quelque opinion que l'on soit sur l'existence d'une cause première, sur l'influence des sentiments religieux, on ne peut soutenir qu'il soit utile d'enseigner la mythologie d'une religion, sans dire qu'il peut être utile de tromper les hommes ; car si vous, romain, vous voulez faire enseigner votre religion d'après ce principe, un mahométan doit, par la même raison, vouloir faire enseigner la sienne.

Direz-vous : La mienne est la seule vraie ? Non, car la puissance publique ne peut être juge de la vérité d'une religion.

Ainsi, en supposant même qu'il soit utile que les hommes aient besoin d'une religion, les soins, les dépenses, qui auraient pour objet de leur en donner une, sont une tyrannie exercée sur les opinions, et aussi contraire à la politique qu'à la morale. Cette proscription doit s'étendre même sur ce qu'on appelle religion naturelle ; car les philosophes théistes ne sont pas plus d'accord que les théologiens sur l'idée de Dieu et sur ses rapports moraux avec les hommes. C'est donc un objet qui doit être laissé sans aucune influence étrangère à la raison et à la conscience de chaque individu.

ENSEIGNEMENT SUPÉRIEUR.

Nous avons donné le nom de Lycée au quatrième degré d'instruction [1] ; toutes les sciences y sont enseignées dans toute leur étendue. C'est là que se forment les savants, ceux qui font de la culture de leur esprit, du perfectionnement de leurs propres facultés, une des occupations de leur vie, ceux qui se destinent à des professions où l'on ne peut obtenir de grands succès que par une étude approfondie d'une ou plusieurs sciences. C'est là aussi que doivent se former les professeurs. C'est au moyen de ces établissements que chaque génération peut transmettre à la génération suivante ce qu'elle a reçu de celle qui l'a précédée, et ce qu'elle a pu y ajouter.

Nous proposons d'établir en France neuf lycées ; les lumières, en partant de plusieurs foyers à la fois, seront répandues avec plus d'égalité, et se distribueront dans une plus grande masse de citoyens. On sera sûr de conserver, dans les départements, un plus grand nombre d'hommes éclairés, qui, forcés d'aller achever leur instruction à Paris, auraient été tentés de s'y établir [2].

On a fixé le nombre des lycées à neuf, parce qu'en comparant ce nombre à celui des grandes universités d'Angleterre, d'Italie, d'Allemagne, il a paru répondre à ce qu'exigeait la population de la France.

L'enseignement que nous proposons d'établir est plus complet, la distribution en est plus au niveau de l'état actuel des sciences en Europe, que dans aucun

1. Il s'agit ici de quelque chose d'analogue à nos facultés.

2. Condorcet songe à ménager une vie intellectuelle provinciale.

des établissements de ce genre qui existe dans les pays étrangers : nous avons cru qu'aucune espèce d'infériorité ne pouvait convenir à la nation française ; et puisque chaque année est marquée dans les sciences par des progrès nouveaux, ne pas surpasser ce qu'on trouve établi, ce serait rester au-dessous.

Quelques-uns de ces lycées seront placés de manière à y attirer les jeunes étrangers. L'avantage commercial qui en résulte est peu important pour une grande nation : mais celui de répandre sur un plus grand espace les principes de l'égalité et de la liberté, mais cette réputation que donne à un peuple l'affluence des étrangers qui viennent y chercher des lumières, mais les amis que ce peuple s'assure parmi ces jeunes gens élevés dans son sein, mais l'avantage immense de rendre sa langue plus universelle, mais la fraternité qui peut en résulter entre les nations, toutes ces vues d'une utilité plus noble, ne doivent pas être négligées [1].

Quelques lycées doivent donc être placés à portée des frontières.

Enfin, nous avons pensé que des villes moins considérables, où l'attention générale des citoyens pourrait se porter sur ces institutions, où l'esprit des sciences ne serait pas étouffé par de grands intérêts [2], où l'opinion publique n'aurait pas assez de force pour exercer sur l'enseignement une influence dan-

1. Les Allemands devraient méditer ce passage. Ils ont fait de leurs universités tout autre chose que des écoles de fraternité entre les peuples.

2. L'auteur, sans doute, prend ici modèle sur ces petites villes allemandes et surtout anglaises, qui ne sont guère que des universités ; Heidelberg, Oxford, Cambridge.

gereuse, et l'asservir à des vues locales, présenteraient plus d'avantages que les grandes villes de commerce, d'où une plus grande cherté des choses nécessaires à la vie éloignerait les enfants des familles pauvres, tandis que les parents pourraient encore y craindre des séductions plus puissantes, des occasions plus multipliées de dissipation et de dépense. Nous n'avons pas étendu cette dernière considération jusque sur Paris. La voix unanime de l'Europe qui, depuis un siècle, regarde cette ville comme une des capitales du monde savant, ne le permettrait pas.

Nous avons cru qu'une institution où toutes les langues communes seraient enseignées, où les hommes de tous les pays trouveraient un interprète, où l'on pourrait analyser, comparer toutes les manières suivant lesquelles les hommes ont classé et formé leurs idées, devait conduire à des découvertes importantes, et faciliter les moyens d'un rapprochement entre les peuples qu'il n'est plus temps de releguer parmi les chimères philosophiques [1].

C'est dans les lycées que des jeunes gens dont la raison est déjà formée, s'instruiront par l'étude de l'antiquité, et s'instruiront sans danger, parce que, déjà capables de calculer les effets de la différence des mœurs, des gouvernements, des langages, du progrès des opinions ou des idées, ils pourront à la fois sentir et juger les beautés de leurs modèles.

L'instruction dans les lycées sera commune aux jeunes gens qui complètent leur éducation et aux hommes.

1. Illusion généreuse de cette belle époque et de ce cœur philanthrope.

GRATUITÉ A TOUS LES DEGRÉS D'ENSEIGNEMENT.

Dans ces quatre degrés d'instruction, l'enseignement sera totalement gratuit [1].

L'acte constitutionnel le prononce pour le premier degré ; et le second, qui peut aussi être regardé comme général, ne pourrait cesser d'être gratuit sans établir une inégalité favorable à la classe la plus riche, qui paye les contributions à proportion de ses facultés, et ne payerait l'enseignement qu'à raison du nombre d'enfants qu'elle fournirait aux écoles secondaires.

Quant aux autres degrés, il importe à la prospérité publique de donner aux enfants des classes pauvres, qui sont les plus nombreuses, la possibilité de développer leurs talents ; c'est un moyen, non seulement d'assurer à la patrie plus de citoyens en état de la servir, aux sciences plus d'hommes capables de contribuer à leurs progrès, mais encore de diminuer cette inégalité qui naît de la différence des fortunes, de mêler entre elles les classes que cette différence tend à séparer. L'ordre de la nature n'établit dans la société d'autre inégalité que celle de l'instruction et de la richesse ; et, en étendant l'instruction, vous affaiblirez à la fois les effets de ces deux causes de distinction. L'avantage de l'instruction, moins exclusivement réuni à celui de l'opulence, deviendra moins sensible, et ne pourra plus être dangereux ; celui de naître riche sera balancé par l'égalité, par la supériorité même des lumières que doivent naturelle-

1. Le lecteur remarquera l'étendue donnée ici au principe de la gratuité.

ment obtenir ceux qui ont un motif de plus d'en acquérir.

Observons encore que l'élève d'un institut ou d'un lycée dans lequel l'instruction est gratuite, peut suivre à la fois un grand nombre de cours, sans augmenter la dépense de ses parents ; qu'il est alors le maître de varier ses études, d'essayer son goût et ses forces ; au lieu que si chaque nouveau cours sollicite une dépense nouvelle, il est forcé de renfermer son activité dans des limites plus étroites, de sacrifier souvent à l'économie une partie importante de son instruction : et cet inconvénient n'existe encore que pour les familles peu riches [1].

Enfin, l'émulation que ferait naître, entre les professeurs, le désir de multiplier des élèves, dont le nombre augmenterait leur revenu, ne tient pas à des sentiments assez élevés, pour que l'on puisse se permettre de la regretter. Ne serait-il pas à craindre qu'il résultât plutôt de cette émulation des rivalités entre les établissements d'instruction ; que les maîtres ne cherchassent à briller plutôt qu'à instruire ; que leurs méthodes, leurs opinions même ne fussent calculées d'après le désir d'attirer à eux un plus grand nombre d'élèves ; qu'ils ne cédassent à la crainte de les éloigner en combattant certains préjugés, en s'élevant contre certains intérêts [2].

Au delà des écoles primaires, l'instruction cesse d'être rigoureusement universelle. Mais nous avons

1. A l'étranger, ces cours ne sont pas gratuits, mais peu dispendieux.

2. L'expérience ne donne-t-elle pas raison ici à Condorcet contre Talleyrand ?

cru que nous remplirions le double objet, et d'assurer à la patrie tous les talents qui peuvent la servir, et de ne priver aucun individu de l'avantage de développer ceux qu'il a reçus, si les enfants qui en avaient annoncé le plus dans un degré d'instruction, étaient appelés à en parcourir le degré supérieur, et entretenus aux dépens du trésor national, sous le nom d'élèves de la Patrie. Jamais dans aucun pays la puissance publique n'aurait ouvert à la partie pauvre du peuple une source si abondante de prospérité et d'instruction, jamais elle n'aurait employé de plus puissants moyens de maintenir l'égalité naturelle.

On ne s'est pas borné à encourager l'étude des sciences ; on n'a pas négligé la modeste industrie qui ne prétendrait qu'à s'ouvrir une entrée plus facile dans une profession laborieuse ; on a voulu qu'il y eût aussi des récompenses pour l'assiduité, pour l'amour du travail, pour la bonté, lors même qu'aucune qualité brillante n'en relevait l'éclat ; et d'autres élèves de la Patrie recevront d'elle leur apprentissage dans les arts d'une utilité générale.

Condorcet propose ensuite qu'on ouvre un concours pour les livres élémentaires des trois premiers degrés d'instruction ; après quoi, « la puissance publique indiquera les livres qu'il convient d'enseigner ; mais dans les lycées où la science doit s'enseigner tout entière, alors c'est au professeur de choisir les méthodes ».

NOTE NEUVIÈME.

Nécessité de l'intervention de la puissance publique :

Sommes-nous au point où l'on peut sans risque laisser l'instruction s'organiser elle-même ? Sommes-nous à celui où l'autorité publique peut l'organiser d'une manière utile ?

En examinant la France géographiquement, on verra que si l'instruction est abandonnée à elle-même, elle ne pourra se répandre qu'avec une funeste inégalité. Les grandes villes, les pays riches y trouveront des moyens d'étendre, d'augmenter leurs avantages déjà trop réels ; les autres portions de la République, ou manqueront de maîtres, ou n'en auront que de mauvais.

Voici les principes raisonnables de cette intervention et les résultats à en espérer :

Il est possible d'établir, sur l'opinion universelle des hommes éclairés, une instruction élémentaire, conforme à la vérité, et dirigée par une bonne méthode ; et après avoir séparé de la morale les opinions religieuses, et l'enseignement des principes de la politique générale de l'exposition du droit public national, il est impossible que cette instruction corrompe les opinions sur la morale et sur la politique, comme il est impossible qu'elle trompe sur la physique ou sur la chimie.

Sinon, qui répondra que même la superstition ne s'empare des nouvelles écoles, comme elle s'en est emparée après la destruction de l'empire d'Occident ?

SOCIÉTÉ NATIONALE DES SCIENCES ET DES ARTS [1].

Enfin, le dernier degré d'instruction est une société nationale des sciences et des arts, instituée pour

1. Lycée de Mirabeau et Institut national de Talleyrand.

surveiller et diriger les établissements d'instruction, pour s'occuper du perfectionnement des sciences et des arts, pour recueillir, encourager, appliquer et répandre les découvertes utiles.

Ce n'est plus de l'instruction particulière des enfants, ou même des hommes, qu'il s'agit, mais de l'instruction de la génération entière, du perfectionnement général de la raison humaine ; ce n'est pas aux lumières de tel individu en particulier, qu'il s'agit d'ajouter des lumières plus étendues ; c'est la masse entière des connaissances qu'il faut enrichir par des vérités nouvelles ; c'est à l'esprit humain qu'il faut préparer de nouveaux moyens d'accélérer les progrès, de multiplier ses découvertes.

Nous proposons de diviser cette société en quatre classes qui tiendront séparément leurs séances.

La première classe comprend toutes les sciences mathématiques.

Depuis un siècle, aucune société savante n'a imaginé de les séparer. Passant, par d'insensibles degrés, de celles qui n'emploient que le calcul, à celles qui ne se fondent que sur l'observation, presque toutes, aujourd'hui, peuvent employer ces deux moyens de reculer les bornes des connaissances humaines ; et il est utile que ceux qui savent le mieux employer l'un ou l'autre de ces instruments de découvertes s'entr'aident, s'éclairent mutuellement ; que le chimiste, que le physicien empêchent le botaniste de se borner à la simple nomenclature des noms, à la description trop nue des objets, ou rappellent à des travaux plus utiles le géomètre qui emploierait ses forces à des questions sur les nombres, à des subtilités métaphysiques.

La seconde classe renferme les sciences morales et politiques. Il est superflu, sans doute, de prouver qu'elles ne doivent pas être séparées, et qu'on n'a pas dû les confondre avec d'autres.

La troisième comprend l'application des sciences mathématiques et physiques aux arts.

Ici nous nous sommes écartés davantage des idées communes. Cette classe embrasse la médecine et les arts mécaniques, l'agriculture et la navigation.

Mais, d'abord, nous avons cru devoir faire pour les applications usuelles des sciences, ce que nous avons fait pour les sciences elles-mêmes.

Nous avons trouvé que même les distances étaient moins grandes, et les communications plus multipliées ; qu'un médecin, par exemple, qui s'occuperait des hôpitaux, de la manière de placer ou de remuer les malades dans certaines maladies pour de grandes opérations, pour des pansements difficiles, trouverait de l'avantage dans sa réunion avec des mécaniciens et des constructeurs ; qu'aucune distinction aussi marquée que celle des mathématiques pures et de certaines parties des sciences physiques, ne pouvait être appliquée à ces arts ; qu'il ne fallait pas séparer la médecine de l'art vétérinaire, de l'agriculture, ni l'agriculture de l'art des constructions, de celui de la conduite des eaux, et qu'on ne pouvait rompre cette chaîne sans briser une liaison utile.

La quatrième classe renferme la grammaire, les lettres, les arts d'agrément, l'érudition.

Chaque classe est divisée en sections ; chaque section a un nombre déterminé de membres, moitié résidant à Paris, moitié répandus dans les départements.

Ces divisions seront utiles jusqu'au moment où les sciences, s'étendant au delà de leurs limites actuelles, se rapprocheront, se pénétreront en quelque sorte, et n'en feront plus qu'une seule.

ÉLECTIONS DES MEMBRES DE LA SOCIÉTÉ NATIONALE.

Les membres de la société nationale se choisiront eux-mêmes. La première formation une fois faite, si elle renferme à peu près les hommes les plus éclairés, on peut être sûr que la société en présentera constamment la réunion [1].

Condorcet propose un mode de nomination très original des membres de l'enseignement. Ce sont ceux du degré supérieur qui élisent ou désignent ceux du degré inférieur.

Chaque classe de la société nationale élit sous les mêmes formes les professeurs des lycées, dont l'enseignement correspond aux sciences qui sont l'objet de cette classe.

Les professeurs du lycée nomment ceux des instituts ; mais la municipalité aura le droit de réduire la liste des éligibles.

Quant aux instituteurs des écoles secondaires et primaires, la liste d'éligibles sera faite par les professeurs des instituts de l'arrondissement, et le choix appartiendra, pour les premiers, au corps municipal du lieu où l'école est située, pour les derniers, à l'assemblée des pères de famille de l'arrondissement de l'école.

1. Tel est en effet le mode actuel d'élection dans toutes les académies.

Ceci peut être complété par l'extrait suivant de la *note neuvième.*

Une disposition très propre à maintenir l'émulation et à faire honorer les instituteurs des écoles inférieures, serait celle qui ordonnerait de ne choisir, après un certain temps, les professeurs des instituts que parmi ceux qui auraient exercé les fonctions d'instituteurs d'écoles primaires ou secondaires, et les professeurs du lycée que parmi ceux qui auraient enseigné dans les instituts, avec une exception en faveur des savants étrangers, exception que le corps législatif seul pourrait prononcer.

L'indépendance du corps enseignant est jalousement sauvegardée ; il s'administre lui-même.

Des directoires formés dans la société nationale, les lycées, les instituts, seront chargés de l'inspection habituelle des établissements inférieurs.

Dans les circonstances importantes, la décision appartiendra à une des classes de la société nationale, ou à l'assemblée des professeurs, soit du lycée, soit des instituts.

La société nationale constitue comme une sorte de conseil supérieur de l'instruction publique ; elle y a droit par ses mérites et par son caractère.

La société chargée de surveiller l'instruction nationale, de s'occuper des progrès des sciences, de la philosophie et des arts, au nom de la puissance publique, doit être uniquement composée de savants ; c'est-à-dire d'hommes qui ont embrassé une science dans toute son étendue, en ont pénétré toute la profondeur, ou qui l'ont enrichie par des découvertes.

Il ne faut pas confondre la société nationale, telle que nous l'avons conçue, avec les sociétés savantes qu'elle remplace. L'égalité réelle qui en est la base, son indépendance absolue du pouvoir exécutif, la liberté entière d'opinions qu'elle partage avec tous les citoyens, les fonctions qui lui sont attribuées relativement à l'instruction publique, une distribution de travail qui la force à ne s'occuper que d'objets utiles, un nombre égal de ses membres répandu dans les départements: toutes ces différences assurent qu'elle ne méritera pas les reproches souvent exagérés, mais quelquefois justes, dont les académies ont été l'objet.

Enfin n'oublions pas que les droits de l'État sont toujours réservés.

Cette indépendance de toute puissance étrangère, où nous avons placé l'enseignement public, ne peut effrayer personne, puisque l'abus serait à l'instant corrigé par le pouvoir législatif, dont l'autorité s'exerce immédiatement sur tout le système de l'instruction.

LIBERTÉ DE L'ENSEIGNEMENT.

Condorcet, très libéral, ne paraît admettre ce contrôle de l'État que sur le corps enseignant constitué et payé par les pouvoirs publics. Hors de là, dit-il :

L'indépendance de l'instruction fait en quelque sorte une partie des droits de l'espèce humaine.

D'ailleurs, un pouvoir qui interdirait d'enseigner une opinion contraire à celle qui a servi de fondement aux lois établies attaquerait directement la liberté de penser, contredirait le but de toute institution sociale, le perfectionnement des lois; suite nécessaire du combat des opinions et du progrès des lumières.

Les sociétés libres ne peuvent exister si elles n'admettent à la fois, et les savants, et les amateurs des sciences; et c'est par là surtout qu'elles en inspireront le goût, qu'elles contribueront à les répandre, qu'elles soutiendront, qu'elles perfectionneront les bonnes méthodes de les étudier:

Citons la fin du rapport où Condorcet marque le caractère actuellement pratique du plan qu'il soumet à l'Assemblée législative. Par un phénomène remarquable, il ajoute à ces vues si sages l'exposition de ses espérances, qui partent assurément de l'idéal le plus élevé, mais où il est impossible de ne pas reconnaître une part d'utopie. Ce passage annonce l'homme qui, dans son *esquisse du progrès*, se refusera à en admettre aucun terme. L'époque de perfection humaine dont il parle n'est pas près de venir, comme il le dit fort bien lui-même; et peut-être cette perfection ne serait-elle pas telle qu'il la rêve, car l'uniformité n'est jamais le dernier mot du progrès, même quand il s'agit de la diffusion des lumières; et la science proclame que, pour rayonner, il leur faudra toujours des foyers. Sous ces réserves, voici cette remarquable conclusion:

Le plan que nous présentons à l'assemblée a été combiné d'après l'examen de l'état actuel des lumières en France et en Europe; d'après ce que les observations de plusieurs siècles ont pu nous apprendre sur la marche de l'esprit humain dans la science et dans les arts; enfin, d'après ce qu'on peut attendre et prévoir de ses nouveaux progrès. Nous avons cherché ce qui pourrait contribuer plus sûrement à lui donner une marche plus ferme, à rendre ses progrès plus rapides.

Il viendra, sans doute, un temps où les sociétés instituées par l'autorité seront surperflues, et dès lors dangereuses, où même tout établissement public d'instruction deviendra inutile : ce sera celui où aucune erreur générale ne sera plus à craindre, où toutes les causes qui appellent l'intérêt ou les passions au secours des préjugés auront perdu leur influence ; où les lumières seront répandues avec égalité et sur tous les lieux d'un même territoire, et dans toutes les classes d'une même société ; où toutes les sciences et toutes les applications des sciences seront également délivrées du joug de toutes les superstitions et du poison des fausses doctrines ; où chaque homme, enfin, trouvera, dans ses propres connaissances, dans la rectitude de son esprit, des armes suffisantes pour repousser toutes les ruses de la charlatanerie : mais ce temps est encore éloigné ; notre objet devait être d'en préparer, d'en accélérer l'époque ; et, en travaillant à former ces institutions nouvelles, nous avons dû nous occuper sans cesse de hâter l'instant heureux où elles deviendront inutiles.

CHAPITRE VI

Condorcet et l'éducation des femmes.

Dans le chapitre sur l'élection des membres de la société nationale, on trouve les lignes suivantes :

Dans les villages où il n'y aura qu'une seule école primaire, les enfants des deux sexes y seront admis, et recevront d'un même instituteur une instruction égale. Lorsqu'un village ou une ville auront deux écoles primaires, l'une d'elles sera confiée à une institutrice, et les enfants des deux sexes seront séparés.

Ce n'est pas là toute la pensée, ni la plus chère pensée de Condorcet sur l'éducation des femmes et les rapports qu'elle doit avoir avec celle des hommes. Pour avoir sur ce point tous les éclaircissements désirables, il faut lire et consulter un important appendice qu'il avait mis à son rapport et que nous donnerons presque en entier :

L'instruction doit être la même pour les femmes et pour les hommes.

Nous avons prouvé que l'éducation publique devait se borner à l'instruction [1] ; nous avons montré qu'il

1. Condorcet se trompe. L'instruction qu'il a proposée est une véritable éducation puisqu'elle intéresse le cœur autant que l'esprit.

fallait en établir divers degrés. Ainsi, rien ne peut empêcher qu'elle soit la même pour les femmes et pour les hommes. En effet, toute instruction se bornant à exposer des vérités, à en développer les preuves, on ne voit pas comment la différence des sexes en exigerait une dans le choix de ces vérités, ou dans la manière de les prouver. Si le système complet de l'instruction commune, de celle qui a pour but d'enseigner aux individus de l'espèce humaine ce qu'il leur est utile de savoir pour jouir de leurs droits et pour remplir leurs devoirs, paraît trop étendu pour les femmes, qui ne sont appelées à aucune fonction publique, on peut se restreindre à leur faire parcourir les premiers degrés, mais sans interdire les autres à celles qui auraient des dispositions plus heureuses, et en qui leur famille voudrait les cultiver. S'il est quelque profession qui soit exclusivement réservée aux hommes, les femmes ne seraient point admises à l'instruction particulière qu'elle peut exiger ; mais il serait absurde de les exclure de celle qui a pour objet les professions qu'elles doivent exercer en concurrence.

Elles ne doivent pas être exclues de celle qui est relative aux lettres, parce qu'elles peuvent se rendre utiles à leurs progrès, soit en faisant des observations, soit en composant des livres élémentaires.

Quant aux sciences, pourquoi leur seraient-elles interdites ! Quand bien même elles ne pourraient contribuer à leurs progrès par des découvertes (ce qui d'ailleurs ne peut être vrai que de ces découvertes du premier ordre qui exigent une longue

Toute la suite de ce morceau confirme la présente remarque et est un démenti de l'auteur à lui-même.

méditation et une force de tête extraordinaire)[1], pourquoi celles des femmes, dont la vie ne doit pas être remplie par l'exercice d'une profession lucrative, et ne peut l'être en entier par des occupations domestiques, ne travailleraient-elles pas utilement pour l'accroissement des lumières, en s'occupant de ces observations, qui demandent une exactitude presque minutieuse, une grande patience, une vie sédentaire et réglée ? Peut-être même seraient-elles plus propres que les hommes à donner aux livres élémentaires de la méthode et de la clarté, plus disposées par leur aimable flexibilité à se proportionner à l'esprit des enfants qu'elles ont observés dans un âge moins avancé, et dont elles ont suivi le développement avec un intérêt plus tendu. Or, un livre élémentaire ne peut être bien fait que par ceux qui ont appris beaucoup au delà de ce qu'il renferme ; on expose mal ce que l'on sait lorsqu'on est arrêté à chaque pas par les bornes de ses connaissances.

Il est nécessaire que les femmes partagent l'instruction donnée aux hommes.

1° Pour qu'elles puissent surveiller celle de leurs enfants. L'instruction publique, pour être digne de ce nom, doit s'étendre à la généralité des citoyens, et il est impossible que les enfants en profitent, si, bornés aux leçons qu'ils reçoivent d'un maître commun, ils n'ont pas un instituteur domestique qui puisse veiller sur leurs études dans l'intervalle des leçons, les préparer à les recevoir, leur en faciliter l'intelligence, suppléer enfin à ce qu'un moment d'ab-

1. Même à cet égard, il y a des exceptions ; par exemple l'illustre Sophie Germain.

sence ou de distraction a pu leur faire perdre. Or, de qui les enfants des citoyens pauvres pourraient-ils recevoir ces secours si ce n'est de leurs mères, qui, vouées aux soins de leur famille, ou livrées à des travaux sédentaires, semblent appelées à remplir ce devoir ; tandis que les travaux des hommes, qui presque toujours les appellent au dehors, ne leur permettraient pas de s'y consacrer? Il serait donc impossible d'établir dans l'instruction cette égalité nécessaire au maintien des droits des hommes, et sans laquelle on ne pourrait même y employer légitimement, ni les revenus des propriétés nationales, ni une partie du produit des contributions politiques, si, en faisant parcourir aux femmes au moins les premiers degrés de l'instruction commune, on ne les mettait en état de surveiller celle de leurs enfants.

2° Parce que le défaut d'instruction des femmes introduirait dans les familles une inégalité contraire à leur bonheur.

D'ailleurs, on ne pourrait l'établir pour les hommes seuls, sans introduire une inégalité marquée, non seulement entre le mari et la femme, mais entre le frère et la sœur, et même entre le fils et la mère. Or, rien ne serait plus contraire à la pureté et au bonheur des mœurs domestiques. L'égalité est partout, mais surtout dans des familles, le premier élément de la félicité, de la paix et des vertus. Quelle autorité pourrait avoir la tendresse maternelle, si l'ignorance dévouait les mères à devenir pour leurs enfants un objet de ridicule ou de mépris ?

3° Parce que c'est un moyen de faire conserver aux hommes les connaissances qu'ils ont acquises dans leur jeunesse.

J'ajouterai encore que les hommes qui auront profité de l'instruction publique en conserveront bien plus aisément les avantages, s'ils trouvent dans leurs femmes une instruction à peu près égale ; s'ils peuvent faire avec elles les lectures qui doivent entretenir leurs connaissances ; si, dans l'intervalle qui sépare leur enfance de leur établissement, l'instruction qui leur est préparée pour cette époque n'est point étrangère aux personnes vers lesquelles un penchant naturel les entraîne.

4° Parce que les femmes ont le même droit que les hommes à l'instruction publique.

Enfin, les femmes ont les mêmes droits que les hommes, elles ont donc celui d'obtenir les mêmes facilités pour acquérir les lumières qui, seules, peuvent leur donner les moyens d'exercer réellement ces droits avec une même indépendance et dans une égale étendue.

L'instruction doit être donnée en commun, et les femmes ne doivent pas être exclues de l'enseignement.

Puisque l'instruction doit être généralement la même, l'enseignement doit être commun, et confié à un même maître qui puisse être choisi indifféremment dans l'un ou l'autre sexe.

Elles en ont été chargées quelquefois en Italie et avec succès. Plusieurs femmes ont occupé des chaires dans les plus célèbres universités d'Italie, et ont rempli avec gloire les fonctions de professeurs dans les sciences les plus élevées, sans qu'il en soit résulté ni le moindre inconvénient, ni la moindre réclamation, ni même aucune plaisanterie dans un pays que cependant on ne peut guère regarder comme exempt de préjugés, et où il ne règne ni simplicité, ni pureté dans les mœurs.

Nécessité de cette réunion pour la facilité et l'économie de l'instruction :

La réunion des enfants de deux sexes, dans une même école, est presque nécessaire pour la première éducation ; il serait difficile d'en établir deux dans chaque village, et de trouver, surtout dans les premiers temps, assez de maîtres, si on se bornait à les choisir dans un seul sexe.

Elle est utile aux mœurs, loin de leur être dangereuse.

D'ailleurs, cette réunion, toujours en public, et sous les yeux des maîtres, loin d'avoir du danger pour les mœurs, serait bien plutôt un préservatif contre ces diverses espèces de corruption dont la séparation des sexes, vers la fin de l'enfance, ou dans les premières années de la jeunesse, est la principale cause. A cet âge les sens égarent l'imagination, et trop souvent l'égarent sans retour, si une douce espérance ne la fixe pas sur des objets plus légitimes. Ces habitudes, avilissantes ou dangereuses, sont presque toujours les erreurs d'une jeunesse trompée dans ses désirs, condamnée à la corruption par l'ennui, et éteignant dans de faux plaisirs une sensibilité qui tourmente sa triste et solitaire servitude.

Rousseau, qui attachait à la pureté des mœurs une importance peut-être exagérée, voulait, pour l'intérêt même de cette pureté, que les deux sexes se mêlassent dans leurs divertissements. Y aurait-il plus de danger à les réunir pour des occupations plus sérieuses?

La séparation des sexes a pour principale cause l'avarice et l'orgueil.

C'est, d'un côté, à la crainte des alliances inégales, et de l'autre, à celle du refus de consacrer les liaisons fondées sur des rapports personnels, que l'on doit la généralité de ces opinions austères. Il faut donc, loin de les favoriser, chercher à les combattre dans les pays où l'on veut que la législation ne fasse que suivre la nature, obéir à la raison et se conformer à la justice.

Il serait dangereux de conserver l'esprit d'inégalité dans les femmes, ce qui empêcherait de le détruire dans les hommes.

La réunion des deux sexes dans les mêmes écoles est favorable à l'émulation, et en fait naître une qui a pour principe des sentiments de bienveillance, et non des sentiments personnels comme l'émulation des collèges.

Quelques personnes pourraient craindre que l'instruction nécessairement prolongée au delà de l'enfance ne soit écoutée avec trop de distraction par des êtres occupés d'intérêts plus vifs et plus touchants ; mais cette crainte est peu fondée. Si ces distractions sont un mal, il sera plus que compensé par l'émulation qu'inspirera le désir de mériter l'estime de la personne aimée, ou d'obtenir celle de sa famille [1]. Une telle émulation serait plus généralement utile que celle qui a pour principe l'amour de la gloire ou plutôt l'orgueil ; car le véritable amour de la gloire n'est ni une passion d'enfant, ni un sentiment fait pour devenir général dans l'espèce humaine. Vouloir

1. Sur les résultats de cette éducation commune aux deux sexes, on consultera avec infiniment d'intérêt le rapport de M. Buisson sur l'exposition de Philadelphie et l'instruction publique aux États-Unis, pays où cette méthode est universellement appréciée.

l'inspirer aux hommes médiocres (et des hommes médiocres peuvent cependant obtenir les premiers prix dans leurs classes), c'est les condamner à l'envie. Ce dernier genre d'émulation, en excitant les passions haineuses, en inspirant à des enfants ce sentiment ridicule d'une importance personnelle, produit plus de mal qu'il ne peut faire de bien en augmentant l'activité des esprits.

La vie humaine n'est point une lutte où des rivaux se disputent des prix [1] ; c'est un voyage que des frères font en commun, et où chacun, employant ses forces pour le bien de tous, en est récompensé par les douceurs d'une bienveillance réciproque, par la jouissance attachée au sentiment d'avoir mérité la reconnaissance ou l'estime. Une émulation qui aurait pour principe le désir d'être aimé, ou celui d'être considéré pour des qualités absolues et non pour sa supériorité sur autrui, pourrait devenir aussi très puissante ; elle aurait l'avantage de développer et fortifier les sentiments dont il est utile de faire prendre l'habitude ; tandis que ces couronnes de nos collèges, sous lesquelles un écolier se croit déjà un grand homme, ne font naître qu'une vanité puérile dont une sage instruction devrait chercher à nous préserver, si malheureusement le germe en était dans la nature, et non dans nos maladroites institutions [2]. L'habitude de vouloir être le premier est un

1. Il y a bien un peu de douce illusion ici. Notre siècle croit à la concurrence vitale et se persuade, un peu trop peut-être, que la vie est une lutte.

2. On sait que des établissements modèles ont renoncé à l'usage des compositions et des prix.

ridicule ou un malheur pour celui à qui on l'a fait contracter, et une véritable calamité pour ceux que le sort condamne à vivre auprès de lui. Celle du besoin de mériter l'estime conduit, au contraire, à cette paix intérieure qui seule rend le bonheur possible et la vertu facile.

CHAPITRE VI

Romme.

L'Assemblée législative eut le même malheur que l'Assemblée constituante. Après avoir fourni une carrière moins brillante et plus courte d'ailleurs que son illustre devancière, elle laissa la place à la Convention, sans avoir eu le temps de rien organiser relativement à l'instruction publique.

La Convention se réunit le 21 septembre 1792 et proclama le jour même la République. Le 2 octobre, elle décida la création d'un comité d'Instruction publique, composé de 24 membres ; le 13, le comité était nommé. « Une fois constitué, dit » M. Guillaume (art. CONVENTION du *Dictionnaire de pédagogie*), » le comité d'instruction publique se subdivisa en plusieurs sec» tions, afin de mieux embrasser les différentes parties du tra» vail immense qu'il allait entreprendre et qu'il nous serait im» possible d'exposer dans ses détails si variés. Notre dessein » n'est pas d'essayer de retracer l'ensemble de l'œuvre multiple » accomplie par ce comité de concert avec la Convention : créa» tion du système décimal, réforme du calendrier, réorgani» sation ou fondation des musées, des bibliothèques, des » grands établissements scientifiques et artistiques, pro» grammes des fêtes nationales, etc. » Nous devons nous borner, nous aussi, aux seuls documents qui intéressent la pédagogie révolutionnaire, l'enseignement de la nation.

Le comité s'inspira franchement du projet de Condorcet qui, plus heureux que Talleyrand, vit du moins ses plans recueillis par une Assemblée pour laquelle ils n'avaient pas été conçus.

Le 12 décembre, *Joseph Chénier* soumit à la Convention un premier rapport relatif à l'enseignement primaire, dont elle avait déclaré qu'elle voulait s'occuper d'abord. Il proposait de faire enseigner dans les écoles de ce degré « les connaissances rigoureusement nécessaires à tous les citoyens ». Le texte ajoute : « Les personnes chargées de l'enseignement dans ces écoles s'appelleront *instituteurs*. C'est la première fois qu'on voit apparaître dans un texte de loi ce titre, qui nous est devenu si familier depuis. Des objections financières, qu'on avait déjà faites au plan de Condorcet, se renouvelèrent contre le décalque du comité. L'Instruction primaire seule devait coûter à la République vingt-cinq millions, qu'elle n'avait pas pour cela. Un prêtre député, *Durand-Maillane*, protesta immédiatement avec vehémence contre un programme qu'il trouvait trop scientifique, prônant l'ignorance et réclamant, pour les ministres du culte catholique, le privilège d'enseigner à la jeunesse ce qu'elle doit à Dieu, à la morale et à la société. Telle est l'influence de l'esprit catholique sur les hommes qu'il a une fois façonnés, que nous le retrouvons jusque chez les prêtres conventionnels ; le premier que nous rencontrons est l'ennemi de la science. Il lui préfère l'ignorance et revendique du moins, pour les ministres de son culte, le privilège essentiel de l'éducation. Le projet fut soutenu au contraire par *Jacob Dupont*, un girondin qui se dit athée ; il déclara qu'il ne voulait pas pour la République d'autre autel que celui de la patrie, ni d'autres signes religieux ou emblèmes de ralliement que les arbres de la liberté. « La nature et la raison : voilà, s'écria-t-il, les dieux de l'homme, voilà mes dieux. » L'athéisme personnel de Jacob Dupont importe peu, mais il est impossible de ne pas admirer la vue nette avec laquelle il aperçoit que l'État doit se tenir en dehors de toute confession religieuse ; que le lien commun des citoyens doit être cherché dans l'amour de la patrie et que, pour ne point déroger à ces principes, pour les inculquer au contraire dans l'âme des jeunes générations, l'éducation doit être fondée sur la nature et sur la raison qui sont les bases positives et universelles.

Le rapport de *Lanthenas* développa les dispositions du projet. Dès le début de son rapport, écrit d'ailleurs en assez mauvais style, Lanthenas déclare explicitement qu'il prend pour *base* « le plan offert à l'Assemblée législative, au nom de son comité d'instruction publique », c'est-à-dire par Condorcet. Presque tout, en effet, y découle de cette source, comme il résulte de l'aperçu que nous donnons dans notre texte. Nous ne croyons devoir signaler ici que deux ou trois traits particuliers.

Lanthenas y recommande à deux reprises la méthode *d'analyse.* Je me suis déjà expliqué, dans une note du chapitre de Talleyrand relatif aux écoles primaires, sur cette idée de traiter l'esprit de l'enfant par la logique.

L'auteur annonce que :

Les instituteurs, ainsi que les institutrices, se feront aider par les sujets dont l'intelligence aura fait les progrès les plus rapides: et ils pourront ainsi, très facilement, dans les mêmes séances, donner à quatre classes d'élèves tous les soins nécessaires à leurs progrès. En même temps les efforts que feront les plus habiles, pour enseigner ce qu'ils savent à leurs camarades et le leur inculquer, les instruiront eux-mêmes, beaucoup mieux que les leçons de leur maître.

Tous retireront de cette méthode bien plus de profit que des moyens employés autrefois pour exciter l'émulation de la jeunesse en l'animant par l'orgueil ou de basses jalousies. Les châtiments d'esclaves, qui ont déshonoré nos anciennes écoles et n'en ont pas été le moindre vice, disparaîtront. La jeunesse sera traitée avec le respect dû à son innocence ; l'on obtiendra tout d'elle en intéressant son cœur, et sa fierté naturelle, si intéressante à conserver intacte pour la liberté, lui restera sans flétrissure.

Cet hommage rendu *à l'enseignement mutuel* m'a paru digne d'être relevé.

Enfin il y a un intéressant rapprochement à faire entre la condition des anciens magisters de village, telle qu'elle est décrite, et ce qu'elle doit devenir, dans la pensée des hommes de la Convention.

Ce qu'on appelait des maîtres d'école était couvert de ridicule et de mépris. Voués à n'enseigner que la classe la plus indigente des citoyens et sans secours de la part d'un gouvernement ennemi du peuple, ainsi que de tout ce qui pouvait l'éclairer, ils ont été tenus partout dans un état d'abjection où vous ne pouvez laisser tomber les instituteurs qui les remplacent. Aussi votre comité a-t-il cru qu'il faudrait les mettre à même de se détacher de tous les emplois subordonnés auxquels on les contraignait de servir, de se passer de toutes les rétributions volontaires, de s'abstenir même de toute fonction de culte, pour ceux qui seront ministres de quelque religion ; et cependant d'élever leur famille honnêtement, en se consacrant, sans distractions, au double enseignement dont ils seront chargés.

On fera en sorte que

Des fonctions, si utiles en elles-mêmes, et si importantes pour la patrie, soient désormais recherchées par les meilleurs citoyens, comme par les hommes les plus capables de les bien remplir.

Les écoles primaires une fois fondées, leurs méthodes devaient différer essentiellement de celles qui avaient été suivies auparavant. Elles auraient pour point de départ l'expérience, ce que nous appelons la leçon de choses, se proposeraient toujours un but utile et pratique et n'oublieraient pas de cultiver les sentiments du cœur en même temps que les dons de l'esprit. L'instruction des adultes serait complétée par les lectures publiques dans lesquelles nous avons déjà fait pressentir nos modernes conférences. Le comité se proposait de faire faire les bons livres élémentaires, nécessités par la pédagogie et par les programmes nouveaux ; il se préoccupait d'étendre la connaissance et l'usage de la langue française dans les pays où elle n'était pas encore familière au peuple, persuadé qu'une langue nationale est la conséquence et aussi l'instrument de l'unité nationale, et que tous les Français devaient pouvoir s'entendre dans une France libre, où ils étaient désormais appelés à discuter leurs intérêts en commun. Il annonçait enfin que le choix des instituteurs serait laissé plus tard aux pères de famille et ne demandait qu'à titre transitoire leur nomination par des commissaires spéciaux, seuls capables de mettre en mouvement une organisation aussi nouvelle, aussi étendue et aussi urgente.

A peine eut-il lu son rapport, Lanthenas demanda à la Convention de couronner l'instruction primaire par les degrés supérieurs d'instruction, sans lesquels la première deviendrait « défectueuse et même bientôt nulle dans ses effets ». La Convention passa à la discussion. Le Girondin *Ducos* fit, pour appuyer les plans du comité, un discours extrêmement remarquable. Après un début philosophique sur l'utilité souveraine de ce qu'il appelle « les lumières » et leur accord fondamental avec le principe révolutionnaire de la liberté individuelle ; après quelques vues profondes sur le caractère nécessairement autoritaire des gouvernements de révolution, dont le rôle est de préparer la liberté publique encore impossible ; après avoir *prophétisé* en quelque sorte « une grande consommation d'hommes de mérite » et signalé les dangers que leur pénurie ferait courir à la République, il aborda son sujet. Il commence par exposer cette opinion très originale, qu'il conviendrait de payer les instituteurs primaires, utiles et obscurs, au moins autant que les professeurs des degrés supérieurs de l'enseignement, récompensés de leurs travaux par leur attrait relatif et par les succès publics des élèves. Il demande quinze millions pour ceux qu'il appelle « les maîtres de morale et d'art social » et ne croit pas du tout que le bon marché des Ignorantins soit une raison de leur confier l'enseignement. L'instruction d'après lui ne peut être que laïque : « Je ne ferai point à la Convention nationale l'injure de justifier cette séparation entre l'enseignement de la morale, qui est la même pour tous les hommes, et celui des religions qui varient au gré des pieuses fantaisies de l'imagination........... La première condition de l'instruction publique est de n'enseigner que des vérités. Voilà l'arrêt d'exclusion des prêtres. » Enfin il demande expressément que, pour parvenir aux emplois publics, on soit obligé par la suite de justifier d'un stage de deux ans au moins dans les écoles primaires. Il voit dans l'éducation commune une condition *sine qua non* de l'établissement de l'égalité et de la liberté en France. Sans proscrire l'éducation domestique, il veut la compléter par l'éducation commune ; faute de quoi, « comment concilier une constitution républicaine avec une éducation monarchique ? » Il est impossible de mieux dire et d'aller plus au fond des nécessités vitales qui, comme nous l'avons montré, ont inspiré la véritable pédagogie révolutionnaire.

Un autre orateur, ***Michel-Edme Petit*** fait remarquer à la Convention que l'obligation scolaire privera un grand nombre de pères de famille du travail de leurs enfants dont la rémunération leur est cependant indispensable pour les élever. Il propose donc d'aviser d'abord à la suppression de la misère. Ces idées peuvent servir de point de départ pour établir la théorie d'une indemnité scolaire, qui pourrait être accordée dans les cas de nécessité. Petit observe, non sans justesse, que le besoin d'instruction n'est senti dans la masse du peuple qu'à partir du moment où elle jouit d'un certain bien-être : il est donc logique de le lui procurer, même avant de la faire passer par les écoles. C'est là une opinion que l'on qualifierait aujourd'hui de *socialiste* et qui est intéressante ; mais ce n'était pas la question.

Un rapport de *Romme* [1] exposa le plan du comité dans toutes ses parties, en y comprenant aussi bien ce qui concernait les degrés supérieurs d'enseignement que l'instruction primaire : On y reconnaîtra aisément, comme dans le rapport de Lanthenas, l'inspiration continuelle de Condorcet. Il se signale cependant par des mérites fort originaux, qui en font un des meilleurs morceaux de la pédagogie révolutionnaire. Nous laissons Romme parler.

1. Député du Puy-de-Dôme, mathématicien, futur auteur du calendrier, il n'est pas de figure plus haute et plus pure que celle de Romme, aussi modeste qu'il était savant et vertueux, et qui, après avoir servi fidèlement la cause de la République et de la science dans le groupe de Danton, tomba victime de la réaction thermidorienne. Il fut un de ces héroïques citoyens qui se frappèrent tous du même couteau en descendant l'escalier du tribunal proscripteur, et qui, semblant emporter avec eux l'âme de la Révolution, méritèrent d'être appelés les derniers des Romains.

Ce rapport présente deux parties ; dans la première nous examinons ces deux questions :

Qu'était l'instruction publique en France?

Que doit-elle être?

Nous examinons dans la seconde partie les questions suivantes :

1° La nation doit-elle embrasser tous les degrés dans ses institutions de l'instruction publique?

2° L'enseignement sera-t-il aux frais de la République dans tous les degrés de l'instruction publique?

3° Sous quels rapports l'instruction publique doit-elle être mise sous la dépendance des corps administratifs ?

PREMIÈRE PARTIE

PREMIÈRE QUESTION

Ici un tableau des plus intéressants de l'état de l'instruction publique en France avant la Révolution.

Qu'était l'instruction publique en France?

Un sentiment confus du besoin de l'instruction avait déterminé la bienfaisance religieuse de nos pères à fonder un grand nombre d'écoles, de collèges et d'universités.

Le caractère des personnes à qui on confiait l'enseignement public, et qui vivaient en corporations religieuses, la nature des objets enseignés, le régime intérieur de ces établissements, tout était calculé pour rendre hommage à la piété des fondateurs, et propager l'esprit et les erreurs du temps.

Un respect stupide pour ces institutions monacales

a perpétué jusqu'à présent les vices et l'insuffisance d'un enseignement qui, depuis longtemps, contrastait d'une manière révoltante avec les progrès que les arts et la philosophie faisaient partout ailleurs.

Pendant que tout changeait, que tout s'améliorait dans la république des lettres, les collèges, ces écoles de l'erreur et des préjugés, restaient immuables et comme en léthargie sous l'empire d'une routine superstitieuse et despotique.

Le droit, ce chaos ténébreux de coutumes et de lois écrites, dont les éléments se heurtent sans cesse, avait aussi ses écoles et ses maîtres; et cependant le droit était moins une science par son objet qu'il n'était devenu un art par les subtilités, qu'une cupidité astucieuse avait enfantées pour tourner à son profit ses obscurités mêmes et ses contradictions.

Ce ramas informe des erreurs et de la sagesse de plusieurs siècles ne s'est soutenu jusqu'à présent que par son immensité même, par la difficulté et la longueur du travail à faire pour le remplacer en conservant ce qu'il renferme de bon, mais surtout parce que le despotisme avait besoin d'occuper les Français de querelles, de guerres de palais, de les entourer d'abus et d'injustices pour qu'ils n'ouvrissent pas les yeux sur lui-même.

La médecine, grande, sublime dans son objet, imposante par les relations nombreuses qui l'attachent à presque toutes les branches des connaissances humaines, mais souvent malheureuse dans sa pratique, est vaine, fastidieuse, et presque nulle dans son enseignement; elle est mal distribuée dans ses parties, trop facile dans les pouvoirs qu'elle communique, injustement inégale et souvent vénale dans ses épreuves, maladroitement mystérieuse dans ses formules hiéroglyphiques et dans son langage barbare même lorsqu'il est français.

La théologie a aussi ses écoles, ses fondations et ses bourses : mais imitant l'artiste ingénieux, qui représenta la Foi sous la figure d'une femme voilée, nous nous garderons de toucher au voile sacré qui couvre son enseignement, et nous n'en parlons ici que pour dire qu'il ne doit plus faire partie de l'instruction publique, ni être payé par l'État.

Tout l'enseignement des universités se renferme dans les quatre facultés des arts, de droit, de médecine et de théologie, dont nous venons de parler ; qui se regardent comme sœurs, ont le même costume, donnent les mêmes titres à leurs initiés, et parlent la même langue, sans cependant s'entendre entre elles, et sans être entendues du peuple, sans doute pour mieux lui voiler les moyens qui leur sont propres, mais qui leur échappent aujourd'hui, de prolonger son ignorance et ses querelles, ses maux et sa crédulité.

L'une d'elles, qui fut toujours plus adroite et aussi plus puissante, est parvenue à faire chaque jour chanter et lire au peuple cette même langue qu'il n'entend pas ; c'est saintement lui faire chanter son ignorance et sa sottise.

La langue latine a été jusqu'à présent presque l'unique objet de l'enseignement des collèges. Cette étude eût été moins vaine, si elle eût conduit à se nourrir de bonne heure de la philosophie des anciens, de leur morale austère, de leur goût dans les beaux-arts, et surtout de l'amour énergique des Romains pour la liberté dans les temps héroïques de la République; mais on fatigue plus la jeunesse pour la maintenir dans une ignorance présomptueuse et crédule que pour lui faire acquérir des vérités utiles.

On compte en France un grand nombre d'universités et de collèges, et, comparativement aux besoins des campagnes, fort peu de petites écoles qui sont aussi nulles par les méthodes et par les livres qu'on y emploie, qu'elles sont pénibles pour les maîtres par l'état d'avilissement auquel un orgueilleux préjugé les a condamnés jusqu'à présent.

Un établissement mérite de fixer l'attention publique par son organisation qui s'est successivement perfectionnée sous François Ier, Henri IV et Louis XV; par la diversité, l'importance et l'utilité des leçons qu'on y donne, et par son régime qui lui a permis d'être toujours au niveau des lumières publiques ; c'est le Collège de France, trop peu suivi, et qu'il faudrait conserver, s'il n'était pas plus utile de tout refondre dans un système général d'instruction publique, qui ne peut que gagner à le prendre pour modèle, comme il a été celui des universités de Suisse, d'Allemagne, de Hollande et d'Angleterre.

Les sciences, les lettres et les arts ont aussi des institutions pour leur perfectionnement. Un grand nombre de corps académiques s'y consacrent, quelques-uns avec un succès qui leur marque une place distinguée dans l'histoire des lettres; mais isolés et trop resserrés dans leur sphère, ils ne peuvent ni s'aider, ni correspondre entre eux ; il en est résulté que chacun a eu ses traditions, sa doctrine et ses préjugés. La naissance osait, dans quelques académies, prendre la place du talent ; la jalousie arrêta souvent les progrès de la vérité, et enfanta de honteuses querelles, assez ordinaires aux petites corporations. Les nominations ont été presque toujours un aliment pour l'intrigue, et un sujet de scandale, en mettant aux prises la bassesse et l'audace avec le mérite, et la faveur avec la justice.

Des réclamations se sont souvent élevées contre leurs jugements, contre le mauvais accueil qu'elles ont fait à des découvertes utiles, et aussi contre leur négligence à faire jouir le public des inventions et des ouvrages faits ou déposés dans leur sein.

L'existence de ces corps privilégiés blesse tous nos principes républicains, attaque l'égalité et la liberté de penser et nuit aux progrès des arts.

Mais si leur organisation est vicieuse, les éléments en sont bons, et nous serviront utilement dans l'organisation nouvelle de l'instruction publique que vous allez décréter.

Des collections précieuses d'instruments de physique et d'astronomie, de modèles, de métiers, de plans et de cartes, sont dispersées sans ordre dans plusieurs endroits ; elles sont en général peu soignées, peu fréquentées, et presque perdues pour l'utilité publique.

Des bibliothèques nombreuses, où la raison et la sottise, la philosophie et le préjugé, la vérité et le mensonge, reposent confondus, attendent que des hommes laborieux et instruits débrouillent le chaos où elles se trouvent et séparent le bon, le nécessaire, du mauvais et du superflu [1]. Leur mauvaise réparti-

1. C'est la curieuse idée de Talleyrand sur le dépouillement des bibliothèques. Mais il n'est pas question ici de destruction, même partielle.

tion sur le sol de la France, et leur mauvais régime, les ont rendus souvent inutiles, et ont dérobé à la France la connaissance des ouvrages précieux qu'elles renferment.

Depuis longtemps des écrivains philosophes ont dévoilé les vices de toutes les institutions incohérentes, incomplètes et surannées, dont nous venons de présenter le tableau.

Aujourd'hui un cri général s'élève contre elles ; en renversant la domination du clergé, les représentants du peuple ont frappé de paralysie tous les collèges. On ne veut plus d'un enseignement qui étouffe le génie, en prolonge l'enfance plus qu'il ne la développe, et qui, après plusieurs années d'un travail pénible et durement exigé, ne laisse que le sentiment de son ignorance, ou une suffisance ridicule.

Aucune des anciennes institutions ne peut être conservée, leurs formes sont trop discordantes avec nos principes républicains, et trop éloignées de l'état actuel de nos connaissances.

DEUXIÈME QUESTION

Que doit être l'instruction publique?

L'instruction publique doit embrasser dans son organisation tout ce qui peut aider à l'enseignement complet des sciences, des lettres et des arts. Prise dans son ensemble, elle doit être universelle ; aucune connaissance ne doit être rejetée ou négligée ; toutes sont utiles ou peuvent le devenir davantage. Source de lumières et de vertus, elle comprend et ce qui appartient à l'instruction proprement dite, et ce qui appartient à l'éducation.

L'instruction éclaire l'esprit, exerce toutes les facultés intellectuelles, étend le domaine de la pensée.

L'éducation développe le caractère, imprime à l'âme une impulsion salutaire, en règle les affections, dirige la volonté, fait passer dans la conduite et met en action les conceptions de l'esprit ; et, conservatrice des mœurs, elle apprend à soumettre au tribunal de la conscience les actions et les pensées.

L'instruction recueille les fruits de l'expérience et des méditations des hommes de tous les temps et de tous les lieux.

L'éducation en fait un choix et en fortifie l'homme physique et moral, suivant le degré de perfectibilité et la position de chaque individu.

L'instruction, sans l'éducation, donne des talents et de l'orgueil, des moyens et de la jactance, et peut devenir, pour l'homme qui n'a ni le frein de la raison ni celui de l'exemple, l'instrument funeste de ses passions désordonnées.

L'éducation, sans l'instruction, ne peut former que des habitudes et conduire à tous les préjugés ; bornée dans ses moyens, sa marche est incertaine et lente ; avec des intentions pures, elle méconnaît le vrai, le juste, retient l'esprit dans d'étroites limites, et emploie à faire triompher l'erreur toutes les forces physiques et intellectuelles de l'individu qui, dans son égarement, prend son ignorance même pour une vertu[1].

Les villes ont tous les vices d'une instruction déré-

1. Tout ce passage excellent ne laisse presque rien à désirer sur la question des rapports de l'instruction avec l'éducation. Il marque un progrès réel sur les idées de Condorcet qui avait cru devoir séparer ces deux opérations et qui s'imaginait en fait y avoir réussi.

glée ; les campagnes, toutes les erreurs d'une éducation superstitieuse et ignorante,

Pour purger le sol de la liberté de cette fange de corruption et de sottise, dans laquelle le despotisme plonge les hommes pour mieux les asservir, associons désormais l'instruction et l'éducation : l'une sera le guide et l'autre le flambeau de la vie sociale.

C'est de l'indissolubilité de cette union, que nous désignerons désormais sous le nom d'instruction publique, que dépendront la généralité des mœurs, des progrès, des sciences, des lettres et des arts, et leur juste application à la prospérité publique. Une bonne instruction publique assurera à la société de bons fils, de bons époux et de bons pères ; à la liberté et à l'égalité, des amis ardents et des défenseurs fidèles ; au corps politique des fonctionnaires éclairés, courageux et dévoués à leurs devoirs. Elle apprendra au riche à faire un bon emploi de sa fortune et à établir son bonheur sur le bonheur d'autrui ; au pauvre, à dominer l'adversité par son travail et la pratique des vertus qui conviennent à une âme fière et élevée. Elle répandra dans les campagnes le sentiment de la dignité de l'homme, combattra les préjugés en leur substituant des vérités utiles, attaquera partout cette routine barbare qui engourdit toutes les facultés de l'homme. Elle apprendra qu'en observant, qu'en exerçant sans cesse sa raison, sans cesse on se perfectionne, on étend son industrie, on multiplie ses moyens de bonheur.

L'instruction publique éclairera l'opinion, aidera à la volonté générale, et par elle améliorera toutes les institutions sociales.

Elle doit répandre surtout cet amour sacré de la

patrie qui vivifie, unit tout, pour tout embellir et tout fortifier, et assurer aux citoyens, par la concorde et la fraternité, tous les avantages d'une grande association.

La Constitution donnera à la nation une existence politique et sociale, l'instruction publique lui donnera une existence morale et intellectuelle. Ainsi que le corps humain, le corps social aura l'organe de ses pensées, de ses conceptions, qui produira partout des ramifications vivifiantes, et l'organe de ses mouvements, de ses actions, qui portera partout la vie et le bonheur[1].

Les citoyens de tout âge et des deux sexes exerçant les forces qu'ils ont reçues de la nature, et avançant librement et graduellement, pourront, à chaque pas, acquérir, d'un côté, de nouvelles forces intellectuelles et physiques, pour les appliquer, de l'autre, à leur utilité propre ou à l'utilité publique.

Le degré où chacun s'arrêtera dans cette carrière sera celui que la nature marqua elle-même dans ses facultés comme le terme de ses efforts. Tout autre obstacle serait un attentat au droit de tout citoyen d'acquérir toutes les perfections dont il est susceptible.

L'enseignement général doit être gradué, distribué de manière qu'un citoyen d'une intelligence ordinaire ait parcouru, à l'époque fixée par la loi pour la majorité, une assez grande partie de l'échelle in-

1. Ici encore Romme est supérieur à Condorcet en comparant la société à un organisme et en affirmant que des fonctions spéciales, comme la pensée et la conception, devron garder des organes spéciaux.

structive pour pouvoir se suffire à lui-même dans la continuation de ses études, et pour commencer à servir utilement la société qui a pris soin de son enfance, en lui consacrant l'emploi de sa force, de ses talents et de ses vertus.

DEUXIÈME PARTIE

PREMIÈRE QUESTION

DIVISION DE L'INSTRUCTION PUBLIQUE EN PLUSIEURS DEGRÉS.

Ce chapitre contient les meilleures choses sur les rapports de l'instruction publique avec l'exercice du droit de suffrage, l'élection et l'éligibilité.

L'instruction strictement nécessaire pour toutes les fonctions qui font l'objet de l'éligibilité, devrait être établie de manière à être à la portée de tous.

Mais sous ce rapport l'éligibilité, pour avoir toute sa plénitude, demanderait que chaque citoyen pût être universel dans ses connaissances, ce qui n'est pas possible, soit parce que tous les individus ne reçoivent pas de la nature les mêmes dispositions, et ne les reçoivent pas au même degré, soit aussi parce que la différence des fortunes ne permet pas à tous, à des positions égales, d'employer aux mêmes études la même quantité de temps.

L'éligibilité ne peut donc être, pour aucun individu, ni universelle, ni entière. Elle a pour chacun les limites que la nature et les événements de la vie ont mises à son intelligence et à sa fortune.

Il serait donc superflu de multiplier également

toutes les branches de l'instruction, puisque tous ne peuvent pas également en profiter.

D'une autre part, il n'est pas absolument nécessaire à la société que tous les individus qui la composent soient également propres à tous les emplois, car elle ne peut en occuper qu'un petit nombre ; et alors, pour la presque totalité des citoyens, cette universalité de connaissances serait un luxe insensé, s'il n'était impossible.

L'instruction perdrait d'ailleurs en profondeur ce que l'universalité gagnerait en étendue, et pour vouloir être propre à tout, on courrait risque de n'être propre à rien.

L'auteur conclut :

1° Que l'instruction publique doit être considérée, ou par rapport à la société, ou par rapport aux individus ;

2° Que sous ce double rapport elle est également utile et indispensable, mais il n'est pas nécessaire qu'elle soit également répandue dans toutes ses branches ;

3° Que la partie des connaissances humaines, qu'exigent les besoins du corps politique, n'est nécessaire à tous que pour ce qui regarde les droits de tous, l'exercice de la souveraineté dans les assemblées primaires, la connaissance des lois qui concernent immédiatement l'un et l'autre, et des lois qui établissent les relations du citoyen avec les fonctionnaires publics, lorsqu'il a une réclamation à faire, des intérêts à poursuivre, une surveillance utile à exercer, etc....

Ces principes incontestables ont conduit le comité à diviser l'instruction publique en quatre degrés sous les dénominations : 1° des écoles primaires ; 2° des écoles secondaires ; 3° des instituts ; 4° des lycées. Nous allons développer les motifs et l'objet de chaque degré.

On voit que ce sont là les degrés d'enseignement proposés par Condorcet, moins l'Institut, dont l'organisation est réservée. A partir de ce point, Romme reproduit d'ailleurs avec une parfaite fidélité le programme et les idées de son modèle. Il en reprend même des points de détail, comme le suivant :

Pour encourager les talents naissants, et assurer à la République un plus grand nombre de citoyens utiles, votre comité vous proposera de décerner, tous les ans, le titre honorable *d'élèves de la patrie* à un certain nombre d'enfants qui auront eu des succès dans les premiers degrés, et de leur donner un secours annuel, pour aller chercher loin de la maison paternelle une instruction plus élevée, ou pour entrer en apprentissage dans un art utile.

Cette belle institution coûtera peu, honorera la patrie et assurera aux sciences et à l'industrie des progrès rapides.

Il puise bien à la même inspiration son résumé sur l'éducation physique et morale :

L'instruction publique doit comprendre, dans les développements que nous vous présenterons successivement, tout ce qui appartient à l'éducation morale et à l'éducation physique. Par l'une, l'enfant acquerra, dans un régime gymnastique, la santé, la force, l'adresse, l'agilité du corps. Par l'autre, on développe les mœurs et les habitudes du républicain ; on apercevra dans l'enfant ce sens précieux qui fait trouver tant de charmes dans la pratique des vertus qui nous lient à nos semblables, à nos devoirs et à la patrie.

C'est par leur propre expérience et par une pratique journalière que les enfants se formeront à toutes les vertus domestiques et sociales. Leur éducation morale se développera à raison des besoins, et par conséquent toujours à propos, toujours avec fruit.

L'éducation des femmes doit avoir aussi une place dans le système général d'instruction publique.

Il insiste pour que toute l'instruction publique soit organisée du même coup ; il en donne les raisons les plus philosophiques :

La nation doit-elle dans ses institutions embrasser tous les degrés de l'instruction publique ?

L'instruction publique n'est ni une dette, ni un bienfait de la nation ; c'est un besoin. Sans l'instruction publique, le corps social serait bientôt dans le cas d'un homme dont l'enfance aurait été négligée, et qui, pour avoir fait un mauvais usage de ses forces naissantes, n'aurait pas acquis tout le développement dont il est susceptible.

Le système de l'instruction publique doit être établi en son entier, puisqu'il doit correspondre au système entier des fonctions et des professions les plus indispensables au corps politique et social. Qu'on retranche une partie de l'instruction, une partie des fonctions seront privées des lumières, des secours, sans lesquels elles seront mal remplies et incomplètes.

Rompez la chaîne de l'instruction, ou ne la prolongez pas jusqu'au terme de nos besoins, et vous violez les droits politiques d'une portion de citoyens qui, ayant reçu de la nature des forces suffisantes pour fournir à une longue carrière, seraient arrêtés par la médiocrité de leur fortune pour payer le complément d'instruction qui leur sera nécessaire, ou parce que cette instruction ne serait donnée nulle part, ou serait mauvaise. Vous divisez les citoyens en deux classes : ceux qui seront assez riches pour aller recueillir dans des établissements particuliers les lumières que la nation refuse, et qui pourront ainsi se rendre propres aux fonctions, aux professions les plus difficiles ; et ceux qui, pour n'être pas les favoris de la fortune, seront condamnés à végéter dans une affligeante nullité. L'inégalité des fortunes deviendrait alors parmi nous une cause d'inégalité de savoir, de capacité, et l'on serait exclu des places publiques parce qu'on serait pauvre. C'est ainsi que l'instruction des écoles militaires pour la noblesse excluait des grades élevés de l'armée tous ceux qui n'étaient point de cette caste privilégiée.

Cette injustice, cette erreur politique ne peut pas souiller les travaux des représentants du peuple français. Législateurs, vous devez esquisser à grands traits l'organisation de l'instruction publique, afin qu'elle embrasse tous nos besoins et toutes nos ressources, et que le perfectionnement de la raison aille d'un même pas dans tous les degrés des connaissances humaines.

La nation nous reprocherait avec justice une parcimonie étroite et misérable, qui la priverait de l'emploi des trésors littéraires qui existent au milieu de nous, tant en choses qu'en hommes instruits.

Disons plus : cette parcimonie compromettrait la liberté et donnerait à l'esprit public une marche rétrograde ; car si vous n'organisez pas l'instruction publique dans toute son étendue, les collèges se relèveront de leurs décombres ; chaque commune réorganisera le sien selon ses lumières et ses opinions plus ou moins révolutionnaires, ou le laissera dans toute sa décrépitude ; et ces créations discordantes de l'erreur et du préjugé empoisonneront dans sa naissance l'instruction des écoles de nouvelle création.

Ce sont les instituteurs de la jeunesse et les écrivains philosophes qui font marcher les nations à la liberté, comme c'est le faux savoir, le bel esprit et l'ignorance qui les précipitent dans l'esclavage.

Romme jacobin a, peut-être plus que Condorcet girondin, le sens de l'unité nationale :

Le moment est venu d'imprimer à toute la République une impulsion commune, uniforme et entière sur cet objet, afin qu'il n'y ait partout qu'une même instruction et un même esprit, et que les communes pauvres comme celles qui sont riches participent également à toutes les ressources qu'elle présente.

DEUXIÈME QUESTION

L'ENSEIGNEMENT SERA-T-IL AUX FRAIS DE LA RÉPUBLIQUE, DANS TOUS LES DEGRÉS DE L'INSTRUCTION PUBLIQUE ?

Quelques personnes, en pensant que la puissance publique doit établir l'instruction publique dans toute son étendue, pensent aussi qu'elle ne doit pas être payée en entier par l'État. Votre comité pense, au contraire, que, soit que l'instruction soit offerte aux citoyens pour leurs besoins individuels, soit qu'elle soit établie pour la société entière et pour l'utilité commune, elle doit être, dans tous ses degrés, aux frais de la République [1].

TROISIÈME QUESTION

SOUS QUELS RAPPORTS L'INSTRUCTION DOIT-ELLE ÊTRE MISE SOUS LA DÉPENDANCE DES CORPS ADMINISTRATIFS.

Votre comité répond : Sous le rapport de l'ordre public et sous celui des dépenses et de l'administration générale des propriétés nationales.

Donnons quelque développement à cette réponse :

1° Nul citoyen, nul établissement ne peut se soustraire aux lois d'ordre et de police générale. Les maisons que vous allez consacrer au perfectionnement de la raison et de la philosophie ne doivent pas être des asiles privilégiés d'impunité. La même loi doit veiller pour tous et sur tous les citoyens et frapper de la même manière tout infracteur de l'ordre public quelles que soient ses fonctions, et dans quelque lieu qu'il se trouve [2] ;

2° Pour le traitement et les dépenses de chaque place, les professeurs et autres employés dans l'enseignement seront sur la même ligne que les autres fonctionnaires publics et soumis au même ordre de

1. C'est encore absolument l'inspiration de Condorcet. La Révolution ne retranche rien encore de l'étendue du principe de la gratuité.

2. Voilà les limites invariables de la « liberté de l'enseignement ».

choses. Les professeurs ne doivent se mêler d'aucune administration de fonds que sous la surveillance publique et commune;

3° Soit que les bâtiments appartiennent aux communes ou à la nation, ce sera aux municipalités ou aux corps administratifs, mais jamais aux professeurs à veiller à leur conservation ou entretien ;

4° Les bibliothèques, instruments, collections et autres objets faisant partie de la communauté nationale doivent dépendre de l'administration générale, afin qu'il n'y ait qu'un seul centre de surveillance pour tout ce qui appartient à la République ; et, d'une autre part, ils doivent être mis à la disposition des professeurs ou autres employés pour s'en servir sous leur responsabilité collective [1].

5° La question peut être examinée sous le rapport des nominations. Il importe que ceux qui doivent répandre le goût de l'étude et des mœurs, l'amour de la patrie et des lois, aient du dévouement pour la fonction respectable d'instituteur, un attachement inébranlable aux principes qui doivent fonder la république du savoir.

A ces trois caractères d'éligibilité : volonté de l'individu, civisme et capacité, nous devons ajouter, au moins pour les degrés inférieurs, la volonté exprimée des pères de famille de diriger leur école. La nature leur a imposé le devoir sacré d'assurer à leurs enfants des vertus et du bonheur : ils ont donc le droit et ils doivent l'exercer autant qu'il est possible, de choisir entre les plus capables, les plus patriotes et les plus

1. Est-il besoin de faire remarquer que la plupart de ces principes ont prévalu depuis dans l'usage.

dévoués, ceux à qui ils entendent remettre le soin de leurs enfants, avec qui ils vont partager leur autorité paternelle, et concourir par une surveillance combinée à l'œuvre sainte de l'éducation. Or, la volonté sera connue par une inscription libre à la municipalité du lieu, qui sera ouverte à tous les citoyens qui veulent courir cette carrière. Le civisme peut être attesté par les municipalités.

Mais la capacité ne peut être reconnue que par des hommes éclairés, dans les parties même qui sont l'objet de l'enseignement dans la place vacante. Ce serait compromettre très dangereusement l'instruction publique, que de faire déterminer ce dernier caractère par les corps administratifs, ou par le pouvoir exécutif. Enfin l'assemblée des pères de famille nommerait définitivement.

Romme s'écarte ici des pratiques que l'avenir devait suivre. Mais chez tous ces conventionnels, même les plus autoritaires, le souci des droits de l'État n'a jamais cessé d'être corrigé par le respect le plus complet pour la liberté de la pensée. Il n'y avait pas si longtemps qu'on avait eu trop à souffrir de la tyrannie.

Les maux nombreux que la tyrannie a accumulés sur les peuples en enchaînant leurs pensées et en dirigeant les écoles à leur gré, doivent faire désirer aux amis de la liberté qu'on assure par tous les moyens l'activité et la pureté de l'instruction publique; or, un des plus puissants, des plus indispensables, c'est l'indépendance de l'enseignement, tant des corps administratifs que du pouvoir exécutif.

Quelle que soit l'organisation que vous donniez à la République, il est de l'essence du pouvoir exécutif d'avoir une très-grande autorité; mais il ne doit jamais diriger à son gré l'opinion publique; car l'opinion seule peut le surveiller efficacement. Gardons-nous d'accroître sa puissance en mettant dans ses mains un instrument aussi actif que celui de l'instruction publique, avec lequel un agent pervers pourrait si aisément jeter dans la génération naissante les germes des maux qu'il n'aurait pu faire à ses contemporains; il pourrait empoisonner cette première source de la vie sociale longtemps avant qu'on pût s'en apercevoir et y porter remède.

Non sans apparence de raison, Romme croit concilier à la fois l'indépendance du corps enseignant et les nécessités de l'action publique, souveraine sur lui comme sur le reste, en ne soumettant l'enseignement qu'au seul Corps législatif. Telle avait été déjà la solution de Condorcet, comme nous l'avons vu plus haut.

Le Corps législatif sera toujours le conservateur le plus immédiat des droits et des intérêts du peuple, veillera à ce que la marche de l'esprit humain ne soit point entravée, à ce que la liberté de penser soit la première sentie dans toute sa plénitude par le jeune républicain, qui viendra puiser dans les écoles des lumières et des vertus.

Malgré la clarté des principes exposés dans le projet de Romme et l'espèce d'accord dont ils paraissent être provisoirement l'objet dans la Convention, on ne décida rien encore, par souci d'autres affaires plus urgentes.

Le 21 décembre, *Rabaut Saint-Étienne* demanda l'organisation des fêtes publiques. Nous savons que cette idée était en conformité avec les principes de la Révolution, puisqu'elle tendait à réaliser le libre accord des volontés émancipées par la Révolution même. Toutefois l'esprit particulier de l'époque s'y faisait jour par quelques propositions assez curieuses. Rabaut, hanté sans doute par les souvenirs de la constitution de Sparte, demandait qu'il y eût dans chaque canton un sénat de vieillards qui distribuât des prix et des réprimandes ; le Corps législatif aurait été converti en une sorte de haute académie de moralité qui aurait envoyé périodiquement des espèces de mandements aux assemblées des cantons. Les révolutionnaires ôtaient à la morale ses bases religieuses, ou du moins prétendaient lui en donner de nouvelles qui fussent entièrement civiles : il ne faut pas s'étonner que cette grande opération fasse naître des idées inattendues.

Le 24 décembre, le girondin *Bancal* apporta, en son propre nom, un plan véritablement nouveau, au moins pour les idées qui concernaient l'organisation matérielle de l'instruction. Il n'en voulait que deux degrés : des écoles élémentaires établies dans chaque municipalité et des écoles centrales au chef-lieu du département. Il recommandait les exercices gymnastiques et militaires, l'institution des fêtes nationales et la suppression du budget des cultes, ce qui en devait assurer la liberté.

L'œuvre du premier comité d'Instruction publique est complétée par un rapport d'*Arbogast* sur les livres élémentaires. La Convention et le comité avaient compris que la refonte des programmes et l'indication de méthodes nouvelles resteraient lettre morte, si on ne vivifiait cet enseignement par de bons livres, qui servissent de modèle et de guide aux instituteurs encore inexpérimentés.

« Dans la plupart des établissements d'instruction, dit Arbogast, on n'enseigne encore que des ouvrages médiocres, la plupart de près d'un siècle au-dessous de l'état de la science ; ils sont transcrits sous la dictée du maître, ce qui entraîne la perte d'un temps précieux. Ils deviennent souvent entre les mains des élèves, par les fautes des copies, des écrits informes où le sens est altéré et qui ajoutent à la difficulté de la science celle d'un manuscrit rebutant, souvent indéchiffrable, surtout lorsqu'il doit renfermer des calculs ou des tableaux......... Le défaut ou la disette de bons ouvrages élémentaires a été jusqu'à présent un des plus grands obstacles qui s'opposaient au perfectionnement de l'instruction. »

Arbogast pense que, pour bien faire des livres élémentaires, il est presque indispensable d'être un esprit supérieur et qu'il n'est rien de plus difficile que de faire des choses faciles et utiles aux esprits encore simples. « Nous pouvons donc nous promettre, dit-il, que les premiers savants de la France s'empresseront de concourir à la composition des ouvrages destinés au troisième degré d'instruction : je dis les premiers savants, car il n'y a que les hommes supérieurs dans une science, dans un art, ceux qui en ont sondé toutes les profondeurs, ceux qui en ont reculé les bornes, qui soient capables de faire des éléments où il n'y ait plus rien à désirer. »

Grâce au secours de ces livres et à la situation honorable que la République doit faire aux instituteurs, Arbogast se flatte que ceux-ci ne manqueront pas et qu'ils seront bons: illusion que les faits devaient cruellement démentir de tous points.

Arbogast propose, au nom du comité, « de charger directement les hommes les plus éclairés de la composition des ouvrages pour les Instituts et d'ouvrir un concours pour ceux des écoles primaires et secondaires, concours auquel les étrangers même seront invités à prendre part ». Afin de conserver l'unité dans une entreprise où l'on faisait appel à tant d'auteurs, à tant de sources multiples et diverses, les hommes éminents, chargés de la composition des livres pour les Instituts, devaient se réunir en commission et arrêter le programme des livres destinés aux écoles primaires et secondaires.

Comme méthode, le rapporteur, ainsi que Talleyrand et Lanthenas, recommande l'analyse.

C'est toujours la même conception, sur laquelle il est inutile de s'appesantir.

Arbogast revient à une pédagogie plus saine et plus réellement scientifique, quand il écrit : « Les enfants raisonnent aussi bien, quelquefois mieux que les hommes, mais sur des choses à leur portée et ces choses sont celles qui tiennent à des idées sensibles. » Il paraît bien ici que les raisonnements ne dépendent pas entièrement ou presque entièrement de l'analyse et du langage, comme le voulait Condillac, mais dépendent surtout des choses, puisque les enfants ne sont aptes à raisonner que sur des idées sensibles. Rangeons-nous à l'avis d'Arbogast ainsi corrigé par lui-même et acceptons ses conclusions: « Commençons de bonne heure à faire raisonner les enfants; que par une pente douce, on marche des idées sensibles aux idées abstraites. » Arbogast termine son rapport en recommandant l'enseignement simultané de la lecture et de l'écriture, en même temps qu'on inspirera aux enfants les premiers sentiments moraux. Puis viendront les premières règles de l'arithmétique avec des exemples familiers, des notions utiles d'histoire naturelle, quelques notions pratiques sur les météores, l'arpentage, l'astronomie, la législation, le tout dans un langage clair et facile.

Arbogast ne se fait pas illusion sur la durée que pourront avoir les livres élémentaires dont il demande la composition. Ces grands conventionnels, qui ont une intuition si délicate de la nature psychologique de l'enfant, sont en même temps pénétrés de l'idée du progrès, dont ils sont les premiers et les plus ardents ouvriers.

Arbogast estime que « les livres destinés à l'enseignement devront être souvent retouchés et toujours perfectionnés ».

Le rapport et le projet de décret qui y était annexé sombrèrent en quelque sorte le 3 juin, avec le renouvellement de tous les comités de la Convention.

Dans l'intervalle, cette assemblée avait fixé le traitement des professeurs. Elle avait réglé la vente des biens formant la dotation des collèges et autres établissements d'instruction publique, réservant à l'usage de l'instruction publique elle-même « tous les bâtiments servant ou pouvant servir à l'usage des collèges et de tous autres établissements de l'instruction des deux sexes ; les logements des instituteurs, professeurs et élèves, ensemble les jardins et enclos y attenants, ainsi que ceux qui, quoique séparés, sont à l'usage des établissements de l'instruction publique, tels que les Jardins des plantes, les emplacements pour la botanique et l'histoire naturelle ».

La Convention décida que le paiement des maîtres de tous les établissements d'instruction publique serait à la charge de l'État, continuant de payer les pensions sur le pied où elles étaient réglées. La nation prend également à son compte la dépense des bourses qui « seront données par préférence aux enfants des citoyens qui ont pris les armes pour la défense de la patrie ».

Le principe de l'établissement des écoles primaires fut définitivement voté le 30 mai et brusquement, sur l'intervention énergique du comité de salut public. Le décret contenait le paragraphe que voici :

« Tous les instituteurs seront chargés de faire aux citoyens de tout âge, de l'un et de l'autre sexe, des lectures et des instructions une fois par semaine. » Le projet de Condorcet est bien toujours la base de tous ces plans, de toutes ces institutions et de tous ces décrets. On veut donner à la tâche de l'instituteur une extension égale au domaine de l'éducation, qui doit durer toute la vie, et par là, faire vraiment de lui le maître de tous les âges.

Sur ces entrefaites, la Gironde fut proscrite, les comités renouvelés et la direction transmise à la Plaine et à la Montagne.

CHAPITRE VIII

La Plaine.

Le plan qui fut présenté par Lakanal au nom du comité d'instruction publique renouvelé, et dont les inspirateurs et les rédacteurs étaient surtout Sieyès et Daunou, se ressent de l'absence de doctrines qui caractérisait la Plaine.

Il établissait, sur tout le territoire de la République, une école par mille habitants ; chaque école était divisée en deux sections : une pour les garçons, une pour les filles. Les instituteurs, fort indépendants, n'étaient soumis qu'à un bureau d'inspection chargé de la surveillance et de la partie administrative des écoles nationales. Ces bureaux à leur tour, et par suite l'instruction publique en France, relevaient d'une Commission centrale, nommée par le Corps législatif sur une liste double, présentée par la Commission elle-même.

Le projet ne s'occupe que de l'instruction primaire. Elle doit être intellectuelle, physique, morale et industrielle :

Intellectuelle. — Il y a d'abord une sorte d'école maternelle, puis un programme qui embrasse les connaissances élémentaires essentielles à tout programme d'instruction primaire.

Physique. — Il est fait une place aux exercices gymnastiques et militaires.

Morale. — C'est ici la partie la plus curieuse du projet. Outre l'enseignement technique et dogmatique de morale et d'ordre social, les enfants devaient être particulièrement exercés au chant et à la danse, de manière à pouvoir figurer dans les fêtes nationales. Ces fêtes très nombreuses étaient divisées en fêtes de la commune, du canton et de la nation. Il y avait une sorte d'éducation de la sensibilité par des visites aux hôpitaux et aux prisons : idée fort contestable, quand on est pénétré, comme il convient, du danger qu'offre pour les enfants la contagion du mal physique ou moral. D'autre part, les enfants aident quelquefois, dans leurs travaux domestiques ou champêtres, les pères ou les mères de famille que leurs infirmités ou leurs maladies empêchent de s'y livrer. Il est douteux que cet enseignement systématique et périodique de ce qu'il doit y avoir au monde de plus spontané, le sentiment, puisse atteindre son but. N'y aurait-il pas à craindre d'ennuyer les élèves en les asservissant à cette tâche, ou de les trop amuser, si on en faisait une exception ? d'ôter ainsi de toutes manières son attrait propre au dévouement, soit par la lassitude, soit par le plaisir? Enfin la constitution de l'une et l'autre section de l'École nationale, même celle des filles, est « modelée à peu près sur le plan de la grande société politique et républicaine ». C'est l'idée de Talleyrand appliquée à l'instruction primaire.

Industrielle. — On visite des manufactures et des ateliers. Le plan n'indique que d'une façon vague « des ouvrages manuels, de différentes espèces, utiles et communs » et les ouvrages qui conviennent aux femmes. Ce dernier point est du moins fort sage.

Les conférences publiques sont ici encore demandées aux instituteurs.

Des prix d'encouragement sont donnés aux enfants et des bourses allouées à des « élèves de la patrie » pour les aider à faire leur instruction secondaire ou supérieure.

Un titre particulier établit la liberté de l'enseignement. La nation se réserve le droit d'accorder des encouragements et des récompenses aux établissements libres. La surveillance et la protection en sont remises au bureau d'inspection et à la commission centrale.

La nouveauté extraordinaire de ce projet, et ce qui aurait eu des conséquences désastreuses s'il avait été appliqué, c'était l'abandon complet par l'État de l'enseignement supérieur. Il était question, il est vrai, de conserver les établissements consacrés à l'enseignement public, comme les bibliothèques qui devaient être toutes ouvertes, comme le Jardin des Plantes, l'Observatoire, etc. Il pouvait même en être établi de nouveaux sur le rapport de la commission centrale ; mais il n'y avait plus là aucun plan, aucune idée générale, aucune vue nette et précise ; c'est, de la part des auteurs, une étrange indifférence.

Le chapitre des fêtes, dû tout entier à Sieyès, avait une importance exceptionnelle. Outre les fêtes privées que peuvent célébrer tous les citoyens et celles que les communes étaient libres d'instituer, le projet proposait expressément des fêtes de canton, de district, de département et enfin des fêtes nationales, célébrées dans la ville où l'Assemblée nationale tient ses séances. Il devait y avoir chaque année neuf fêtes de canton, neuf fêtes de district, huit fêtes de département et quatre fêtes nationales : ces dernières s'appelaient : Fête de la fraternité du genre humain au 1er janvier ; Fête de la Révolution française au 14 juillet ; Fête de l'abolition de la royauté et de l'établissement de la République au 10 août, et Fête du peuple français, au jour où il serait proclamé que la Constitution était acceptée.

Il y a évidemment quelque chose de louable dans ce développement donné aux fêtes, car elles sont, nous l'avons dit, le meilleur moyen d'éducation du cœur qui puisse s'adresser au peuple, une fois qu'il a quitté l'école primaire ; celui qui est peut-être le plus capable de rapprocher dans un même sentiment les différentes classes de la société. C'était même une belle idée, digne de la Révolution et nullement antipatriotique, à bien l'entendre, que d'inaugurer l'année par la Fête de la fraternité humaine. Mais cette multiplicité excessive des fêtes n'était ni souhaitable ni possible : elles eussent été bientôt insignifiantes, à moins de coûter fort cher au trésor public et elles supposaient un degré d'enthousiasme auquel il ne serait ni possible ni sain qu'un peuple fût presque continuellement monté. N'y avait-il pas encore un ressouvenir un peu puéril des légendes lacédémoniennes, dans ce tribunal de vieillards qui, aux fêtes de canton, devait décerner la palme aux citoyens et aux communes les plus distingués dans les concours ?

« Ce projet, dit M. Guillaume, fut mal accueilli par la Convention. » Cela ne nous étonne pas. Cette grande Assemblée eut trop à défendre la Révolution pour tomber dans les excès du laisser-faire. La Commission centrale rencontra surtout beaucoup d'ennemis. Elle devait élever dans l'État une nouvelle aristocratie aussi redoutable que l'ancienne : l'aristocratie des lettrés. Cette critique fut portée par *Hassenfratz* au club des Jacobins, qui partagèrent sa défiance. Il prononça le mot typique de « coterie », l'appliquant à la corporation privilégiée qui, à l'instar de la Sorbonne, allait diriger à son gré l'esprit public. Les hommes de la Révolution, nous l'avons vu, avaient leurs raisons de n'être point tendres pour tout ce qui ressemblait aux anciennes académies. On crut reconnaître dans cette institution des commissions, centrales ou autres, le danger d'une sorte de mandarinisme et ce fut un premier obstacle au succès du projet. Devant la Convention, le 2 juillet, *Lequinio* ne lui porta pas un coup moins redoutable en démêlant la vague tendance fédéraliste qui était impliquée par l'institution de tant de fêtes particulières et aussi par cette méthode de s'en remettre presque sur tous les points à l'initiative locale et privée. Souvenons-nous que c'était cette même accusation de fédéralisme qui avait conduit tout récemment les Girondins sur l'échafaud.

Le projet fut écarté par la nomination de six commissaires nouveaux, chargés de présenter sous huit jours un projet de décret sur l'éducation et l'instruction publiques. C'était leur demander d'aller bien vite en besogne ; mais il ne faut pas oublier que nous avons déjà vu passer sous nos yeux un certain nombre de projets et que la question, par là-même, était en quelque sorte mûre. De plus, on commençait à parler du plan posthume de Michel Lepelletier et la Convention espérait y trouver les bases de l'organisation de l'enseignement en France.

Les auteurs du projet ne supportèrent pas avec philosophie l'insuccès radical qu'il avait trouvé devant ses juges. Ils essayèrent, pour ainsi dire, d'en appeler devant l'opinion publique et celle de la Convention même. Sieyès rédigea une sorte d'apologie, qui fut publiée par Lakanal. Elle est très instructive, parce que les idées directrices du projet y sont exposées plus expressément encore que dans le projet même.

Sieyès ne veut pas que l'État détermine les méthodes, pas plus qu'il n'a à fixer les connaissances ou les vérités. C'est lui refuser le droit de déterminer même des programmes, puisque la conception d'un programme, ainsi que nous avons eu l'occasion de le faire remarquer, implique jusqu'à un certain point la conception de la méthode avec laquelle il sera enseigné. C'est donc chasser complètement l'État de l'éducation proprement dite. Sieyès ne désavoue pas cette conclusion ; il prétend borner l'intervention de l'État au rôle indifférent d'une machine qui ne rend à l'instruction que des services législatifs et administratifs.

Pour proposer et pour soutenir de pareilles doctrines, il faut avoir une bien merveilleuse confiance dans les ressources de l'initiative particulière. Ce n'est point ce qui manque à Sieyès. « Le comité s'est borné à faire payer par la bourse commune l'instruction commune à tous. Ce changement ne doit point alarmer les amis des sciences et des arts ; dans un pays comme le nôtre, ils n'ont point à craindre de voir dessécher les sources des connaissances supérieures, des professions savantes et des talents distingués : on peut s'en rapporter sur tout cela à l'industrie particulière. »

Ces quelques lignes contiennent une hérésie et une erreur. Que deviendrait la société, si la bourse commune ne payait que les dépenses des services immédiatement communs à tous? C'est une vue étrangement courte, de ne point s'apercevoir qu'il y a un intérêt commun, et des plus importants, à ce que l'éducation secondaire et supérieure fleurisse dans un État ; et c'est une erreur de croire que la science et le talent puissent vivre de l'initiative privée : l'expérience prouve le contraire tous les jours. L'argent des particuliers ne suffirait peut-être que pour l'instruction des classes riches et moyennes de la société. Tout ce qui convient, par sa supériorité même, à un public restreint, ne peut pas compter sur des subsides spontanés suffisants et doit trouver une aide dans l'État, comme les services qui, au contraire, s'adressent à la généralité des citoyens. L'instruction primaire et l'instruction supérieure ont plus besoin de la nation que l'instruction secondaire qui pourrait seule, à la rigueur, se soutenir elle-même. C'était une faute considérable de la part du projet de découronner l'enseignement français ; et peut-être était-il coupable de retirer de partout la main de l'État, plus nécessaire encore à cette époque dans l'éducation que de nos jours.

Sieyès termine en renvoyant à ses dénonciateurs leur accusation d'aristocratie ; elle n'avait pas plus de sel venant d'un côté que de l'autre : c'est l'étiquette qu'on mettait alors à tout ce qu'on voulait attaquer ou détruire.

Daunou à son tour plaida pour son projet. Il entrevoit le temps, terme du progrès social, où tous les parents seraient de bons instituteurs ; mais il convient, comme Condorcet, que nous en sommes encore assez éloignés et qu'il faut en attendant aviser à autre chose. Il pose quatre principes qui doivent, d'après lui, présider à l'organisation de l'instruction publique. Le premier seul est excellent. Il demande que l'éducation commune soit combinée avec l'éducation domestique.

Le second affirme la liberté pour chacun de former des établissements particuliers d'instruction. Nous ne voyons pas pourquoi cette liberté n'aurait pas, comme toutes les autres, sa limite dans la sécurité de l'Etat, libre lui-même de fermer les établissements qui mettent en danger son existence.

En troisième lieu, Daunou affirme que nul n'est contraint en aucune manière d'envoyer ses enfants aux écoles publiques. Il ne s'aperçoit pas que l'ignorance publique est le plus grand des périls publics, que l'État a le droit et le devoir de le prévenir. Daunou devait avoir sur ce point définitivement tort devant l'histoire de son pays.

Enfin il affirme, comme Sieyès et sans meilleures raisons, ce qui est dans la logique même de ses principes, à savoir que l'État doit se désintéresser des procédés et des méthodes et s'en remettre, comme il le dit, à la sagacité des fonctionnaires et au libre progrès de la raison.

Il sacrifie sa commission centrale ou du moins en propose un remaniement qu'il est inutile d'étudier, puisque cette concession ne devait avoir aucune suite pratique. Il a d'excellents passages contre l'éducation des pensionnats ou internats, et qui visent d'avance les défauts considérables du projet de Lepelletier. Il consent à ce que l'on crée un certain nombre d'écoles spéciales pour préparer, par exemple, le médecin, l'homme de loi, le militaire. Mais il entrevoit avec ravissement l'époque où on laissera à chaque métier le soin de se recruter comme il pourra. Ses prédécesseurs avaient un autre souci du bien public, quand ils se préoccupaient des moyens d'arracher l'humanité à l'ignorance et à la charlatanerie. Il fait fonds sur « l'émulation », il en appelle à la concurrence, ce qui est fort bien. Mais il ne tient aucun compte des souffrances que peut amener cette concurrence cruelle et des maux qu'une sage intervention de l'État évite si facilement. « Il s'en faut de beaucoup, dit Daunou, que nous ayons encore assez de confiance dans la liberté. » Quant à lui, il en a vraiment trop et trop tôt : son projet n'était ni complet, ni élevé, ni opportun.

CHAPITRE IX

Lepelletier.

Le plan de Daunou fut écarté ; la cause ou plutôt l'occasion de cet échec fut la faveur dont jouit momentanément auprès de la Convention le plan de Michel Lepelletier, marquis de Saint-Fargeau, celui qui fut poignardé le soir de la condamnation de Louis XVI par un royaliste fanatique et dont les restes eurent les honneurs du Panthéon.

Le plan de Lepelletier fut repris par Robespierre et présenté à la Convention par une commission de six membres nommés à cet effet.

Le début a de l'ampleur :

La Convention nationale doit trois monuments à l'histoire : la *Constitution,* le *Code des lois civiles,* l'*éducation publique.*

Je mets à peu près sur la même ligne l'importance comme la difficulté de chacun de ces grands ouvrages.

Puissions-nous leur donner la perfection dont ils sont susceptibles ! car la gloire des conquêtes et des victoires est quelquefois passagère ; mais les belles institutions demeurent et elles immortalisent les nations.

L'instruction publique a déjà été l'objet d'une discussion intéressante ; la manière dont ce sujet a été traité honore l'Assemblée et promet beaucoup de la France.

J'avoue pourtant que ce qui a été dit jusqu'ici ne remplit pas l'idée que je me suis formée d'un plan d'éducation. J'ai osé concevoir une plus vaste pensée, et considérant à quel point l'espèce humaine est dégradée par la vue de notre ancien système social, je me suis convaincu de la nécessité d'opérer une entière régénération, et, si je peux l'exprimer ainsi, de créer un nouveau peuple.

Former des hommes, propager les connaissances humaines; telles sont les deux premières parties du problème que nous avons à résoudre.

La première constitue l'éducation; la seconde, l'instruction.

Celle-ci, quoique offerte à tous, devient par la nature même des choses, la propriété exclusive d'un petit nombre de membres de la société, à raison de la différence des professeurs et des talents.

Celle-là doit être commune à tous et universellement bienfaisante.

Quant à l'une, le Comité s'en est occupé et il vous a présenté des vues utiles.

Pour l'autre, il l'a entièrement négligée. En un mot, son plan d'instruction publique me paraît fort satisfaisant; mais il n'a point traité l'éducation [1].

Tout le système du Comité porte sur cette base, l'établissement de quatre degrés d'enseignement, savoir : les écoles primaires, les écoles secondaires, les instituts, les lycées.

1. Nous avons vu que Condorcet partageait lui-même cette erreur sur son propre plan. Romme avait vu plus juste.

Je trouve dans ces trois derniers cours un plan qui me paraît sagement conçu pour la conservation, pour la propagation et le perfectionnement des connaissances humaines.

Mais avant ces degrés supérieurs qui ne peuvent devenir utiles qu'à un petit nombre d'hommes, je cherche une instruction générale pour tous, convenable aux besoins de tous, qui est une dette de la République envers tous ; en un mot, une éducation vraiment et universellement nationale, et j'avoue que le premier degré que le Comité propose sous le nom d'écoles primaires me semble bien éloigné de présenter tous ces avantages.

D'abord, je remarque avec peine que jusqu'à six ans l'enfant échappe à la vigilance du législateur et que cette portion importante de leur vie reste abandonnée aux préjugés subsistants et à la merci des vieilles erreurs.

A six ans, la loi commence à exercer son influence ; mais cette influence n'est que partielle, momentanée, et, par la nature même des choses, elle ne peut agir que sur le moindre nombre des individus qui composent la nation.

Suivant le projet, il doit être établi environ vingt à vingt-cinq mille écoles primaires, c'est-à-dire à peu près une école par lieue carrée.

Ici commence à se faire sentir une première inégalité ; car les enfants domiciliés dans la ville, bourg, village où sera située l'école primaire en profiteront et bien plus souvent et bien plus constamment ; ceux au contraire qui habitent les campagnes et les hameaux ne pourront pas les fréquenter aussi habituellement, à raison des difficultés locales, des saisons et d'une foule d'autres circonstances.

Une bien plus grande inégalité va s'établir encore à raison des diverses facultés des parents : et ici les personnes aisées, c'est-à-dire le plus petit nombre, ont tout l'avantage.

Quiconque peut se passer du travail de son enfant pour le nourrir, a la facilité de le tenir aux écoles tous les jours et plusieurs heures par jour.

Mais quant à la classe indigente, comment fera-t-elle ! Cet enfant pauvre, vous lui offrez bien l'instruction ; mais avant, il lui faut du pain. Son père laborieux s'en prive d'un morceau pour le lui donner : mais il faut que l'enfant gagne l'autre. Son temps est enchaîné au travail, car au travail est enchaînée sa subsistance.

Cette inégale répartition du bienfait des écoles primaires est le moindre des inconvénients qui me frappent dans leur organisation. J'en trouve un bien plus grand dans le système d'éducation qu'elles présentent.

Je me plains qu'un des objets les plus essentiels de l'éducation est omis : le perfectionnement de l'être physique. Je sais qu'on propose quelques exercices de gymnastique : cela est bon ; mais cela ne suffit pas. Un genre de vie continu, une nourriture saine et convenable à l'enfance, des travaux graduels et modérés, des épreuves successives, mais continuellement répétées, voilà les seuls moyens de créer des habitudes. Voilà les moyens efficaces de donner au corps tout le développement et toutes les facultés dont il est susceptible.

Quant à l'être moral, quelques instructions utiles,

quelques moments d'étude, tel est le cercle étroit dans lequel est renfermé le plan proposé. C'est l'emploi d'un petit nombre d'heures ; mais tout le reste de la journée est abandonné au hasard des circonstances, et l'enfant, lorsque l'instant de la leçon est passé, se trouve bientôt rendu soit à la mollesse du luxe, soit à l'orgueil de la vanité, soit à la grossièreté de l'indigence, soit à l'indiscipline de l'oisiveté.

Tous les inconvénients que je viens de développer sont insolubles, tant que nous ne prendrons pas une grande détermination pour la prospérité de la République.

Osons faire une loi qui aplanisse tous les obstacles, qui rende faciles tous les plans les plus parfaits d'éducation ; qui appelle et réalise toutes les belles institutions ; une loi qui sera faite avant dix ans si nous nous privons de l'honneur de l'avoir portée ; une loi toute en faveur du pauvre puisqu'elle reporte sur lui le superflu de l'opulence, que le riche lui-même doit approuver s'il réfléchit, qu'il doit aimer s'il est sensible. Cette loi consiste à fonder une éducation vraiment nationale, vraiment républicaine, également et efficacement commune à tous, la seule capable de régénérer l'espèce humaine, soit pour les dons physiques, soit pour le caractère moral ; en un mot, cette loi est l'établissement de l'*institution publique*. Consacrons-en le salutaire principe ; mais sachons y apporter les modifications que l'état actuel des esprits et l'intérêt industriel de la République peuvent rendre nécessaires.

Je demande que vous décrétiez que depuis l'âge de cinq ans jusqu'à douze pour les garçons, et jusqu'à onze pour les filles, tous les enfants sans distinction et sans exception seront élevés en commun aux dépens de la République et que tous, *sous la sainte loi de l'égalité*, recevront les mêmes vêtements, même nourriture, même instruction, mêmes soins [1].

Je développe en peu de mots les avantages, les détails et les moyens d'exécution du plan que je vous soumets.

Tous les enfants recevront le bienfait de l'instruction publique durant le cours de sept années, depuis cinq ans jusqu'à douze ans.

Cette portion de la vie est vraiment décisive pour la formation de l'être physique et moral de l'homme. Il faut la dévouer tout entière à une surveillance de tous les jours, de tous les moments [2].

Jusqu'à cinq ans on ne peut qu'abandonner l'enfance aux soins des mères : c'est le vœu, c'est le besoin de la nature ; trop de détails, des attentions trop minutieuses sont nécessaires à cet âge. Tout cela appartient à la maternité [3]. Cependant je pense que la loi peut exercer quelque influence sur ces premiers instants de l'existence humaine. Mais voici dans quelles bornes je crois qu'il faut renfermer son action : donner aux mères encouragements, secours, instruc-

1. Nous y voici ! Il y avait déjà dans Condorcet, malgré son esprit scientifique, une tendance à interpréter l'égalité dans un sens absolu, dans le sens du *nivelage*, tandis que la véritable égalité, toute relative, tient compte des différences réelles. Donnera-t-on les mêmes soins au fort et au faible ? Lepelletier même ne le voudrait pas.

2. Et vous croyez faire faire ainsi l'apprentissage de la liberté ! Système de *pion*.

3. Alors, pourquoi Lepelletier regrettait-il plus haut que le plan de Condorcet n'ait rien prévu pour les six premières années ? Il n'indique guère lui-même que des prescriptions hygiéniques. L'idée de ces instructions était bonne d'ailleurs et méritait d'être exécutée.

tions ; les intéresser efficacement à allaiter leurs enfants [1], les éclairer sur les erreurs et les négligences nuisibles, sur les soins et les attentions salutaires ; rendre pour elles la naissance et la conservation de leurs enfants, non plus une charge pénible, mais au contraire une source d'aisance et l'objet d'une espérance progressive : c'est là tout ce que nous pouvons faire utilement en faveur des cinq premières années de la vie : tel est l'objet de quelques-uns des articles de la loi que je propose. Les mesures indiquées sont simples ; mais je suis convaincu que leur effet certain sera de diminuer d'un quart pour la République la déperdition annuelle des enfants qui peuvent être victimes de la misère, des préjugés et de l'incurie [2].

A cinq ans, la patrie recevra l'enfant des mains de la nature ; à douze ans elle le rendra à la société.

Cette époque, d'après les convenances particulières et l'existence publique de la France, m'a paru la plus convenable pour le terme de l'institution publique.

A dix ans, ce serait trop tôt : l'ouvrage est à peine ébauché.

A douze ans, le pli est donné et l'impression des habitudes est gravée d'une manière durable [3].

A dix ans, rendre les enfants à des parents pauvres, ce serait souvent leur rendre encore une charge : le bienfait de la nation serait incomplet.

1. On ne s'étonnera pas de trouver le souci de l'allaitement maternel chez un disciple de Rousseau, comme Lepelletier.

2. Mon désaccord avec l'auteur me rend plus doux encore le plaisir de rendre justice à la sensibilité de son âme.

3. Ici encore, quelle précision excessive ! Quel oubli de la *relativité* de toutes choses ! Comme si tout cela arrivait avec cette exactitude mathématique !

A douze ans, les enfants peuvent gagner leur subsistance ; ils apportent une nouvelle ressource dans leur famille.

Douze ans est l'âge d'apprendre les divers métiers, c'est celui où le corps déjà robuste peut commencer à se plier aux travaux de l'agriculture.

C'est encore l'âge où l'esprit déjà formé peut, avec fruit, commencer l'étude des belles-lettres, des sciences ou des arts agréables.

La société a divers emplois : une multitude de professions appellent les citoyens.

A douze ans, le moment est venu de commencer le noviciat de chacune d'elles ; plus tôt, l'apprentissage serait prématuré ; plus tard, il ne resterait pas assez de cette souplesse, de cette flexibilité qui sont les dons heureux de l'enfance.

Jusqu'à douze ans l'éducation commune est bonne parce que jusque-là il s'agit de former, non des laboureurs, non des artisans, non des savants, mais des hommes pour toutes les professions[1].

Jusqu'à douze ans l'éducation commune est bonne parce qu'il s'agit de donner aux enfants des qualités physiques et morales, les habitudes et les connaissances qui, pour tous, ont une commune utilité.

Lorsque l'âge des professions est arrivé, l'éducation commune doit cesser parce que pour chacune l'instruction doit être différente ; réunir dans une même école l'apprentissage de toutes est impossible. Prolonger l'institution publique jusqu'à la fin de l'ado-

1. Lepelletier ne veut pas dire des hommes de douze ans ! mais des êtres humains capables de se spécialiser désormais dans une profession quelconque.

lescence est un beau songe ; quelquefois nous l'avons rêvé délicieusement avec Platon ; quelquefois nous l'avons lu avec enthousiasme réalisé dans les fastes de Lacédémone. Quelquefois nous en avons retrouvé l'insipide caricature dans nos collèges. Mais Platon ne faisait que des philosophes ; Lycurgue ne faisait que des soldats ; nos professeurs ne faisaient que des écoliers. La République française, dont la splendeur consiste dans le commerce et l'agriculture, a besoin de faire des hommes de tous les états ; alors ce n'est plus dans les écoles qu'il faut les renfermer ; c'est dans les divers ateliers, c'est sur la surface des campagnes qu'il faut les répandre. Toute autre idée est une chimère qui, sous l'apparence trompeuse de la perfection, paralyserait les bras nécessaires, amaigrirait le corps social, et bientôt en opérerait la dissolution.

Je propose que pour les filles le terme soit fixé à onze ans ; leur développement est plus précoce, et d'ailleurs elles peuvent commencer plus tôt l'apprentissage des métiers auxquels elles sont propres parce que ces métiers exigent moins de force.

Dans les villes pour chaque section, pour chaque canton dans les campagnes, d'ordinaire une seule maison d'institution pourra suffire. Il en sera établi plusieurs si la population l'exige, chaque établissement contiendra quatre à six cents élèves [1].

Le plus grand éloignement sera au plus de deux ou trois lieues : ainsi, les parents pourront souvent et

1. Comment soutenir sans horreur l'idée de pareils phalanstères ? Qu'on se rappelle que les enfants sont claquemurés là-dedans depuis l'âge de *six ans*.

facilement revoir le dépôt qu'ils auront confié à la patrie, et l'existence de l'institution républicaine ne coûtera pas un regret à la nation [1].

Ici s'élève une question bien importante.

L'institution publique des enfants sera-t-elle d'obligation pour les parents, ou les parents auront-ils seulement la faculté de profiter de ce bienfait national ?

D'après les principes, tous doivent y être obligés.

Pour l'intérêt public, tous doivent y être obligés.

Dans peu d'années, tous doivent y être obligés. Mais dans le moment actuel il vous semblera peut-être convenable d'accoutumer insensiblement les esprits à la pureté des maximes de notre nouvelle Constitution. Je ne vous le propose qu'à regret ; je soumets à votre sagesse une modification que mon désir intime est que vous ne jugiez pas nécessaire. Elle consiste à décréter que d'ici à quatre ans l'institution publique ne sera que facultative pour les parents; mais ce délai expiré, lorsque nous aurons acquis, si je peux m'exprimer ainsi, la force et la maturité républicaines, je demande que quiconque refusera ses enfants à l'institution commune soit privé de l'exercice des droits de citoyen pendant tout le temps qu'il se sera soustrait à remplir ce devoir civique et qu'il paye en outre double contribution dans la taxe des enfants dont je vous parlerai dans la suite. Il sera facile de placer ces établissements dans les édifices appartenant à la nation, maisons religieuses, habitations d'émigrés et autres propriétés publiques. Et je voudrais encore qu'à défaut de cette ressource, les vieilles citadelles

1. Eh quoi ! n'en coûterait-il pas de trop cruels aux parents ?

de la féodalité servissent pour cette intéressante destination. De toutes parts, on murmure et on réclame contre l'existence de ces châteaux et de ces tours, monuments odieux d'oppression : au lieu de les détruire employons utilement leur masse antique [1].

D'après les calculs que j'ai faits, il m'a semblé qu'un maître pour cinquante enfants suffirait.

D'abord on pourrait croire que c'est une trop forte charge pour une seule personne, mais j'ai imaginé qu'il serait facile de classer les enfants de telle manière que les plus âgés, ceux de dix et de onze ans, par exemple, pussent soulager le maître dans les fonctions, surveiller les plus jeunes, aider pour les répétitions. Je trouve beaucoup d'avantage à établir dans la petite troupe enfantine ces espèces de grades ; ils seront propres à faciliter l'exécution de tous les détails, et à y maintenir une exacte discipline [2].

Je me hâte d'aborder une portion plus intéressante de mon travail, je veux dire le système de l'éducation qui sera suivi dans le cours de l'institution publique.

Ici j'écarte toute théorie abstraite [3].

N'oublions pas quel est l'objet de cette première éducation commune à tous, égale pour tous.

Nous voulons donner aux enfants les aptitudes physiques et morales, qu'il importe à tous de retrouver dans le cours de la vie, quelle que soit la position particulière de chacun. Nous ne les formons pas pour telle ou telle destination déterminée, il faut les douer des avantages dont l'utilité est commune à l'homme

1. Non ; j'aime mieux *la bande noire*.

2. Passe pour l'enseignement mutuel ; mais tenez-vous beaucoup aux grades ?

3. Quelle admirable naïveté dans l'illusion !

de tous les états ; en un mot, nous préparons, pour ainsi parler, une matière première, que nous tendons à rendre essentiellement bonne, dont nous élaborons les éléments de telle sorte qu'en sortant de nos mains, elle puisse recevoir la modification spéciale des diverses professions dont se compose la République. Tel est le problème que nous avons à résoudre. Voici de quelle manière je pense que nous pouvons y procéder utilement.

Nos premiers soins se porteront sur la portion physique de l'éducation. Former un bon tempérament aux enfants, augmenter leurs forces, favoriser leur croissance, développer en eux vigueur, adresse, agilité, les endurcir contre la fatigue, les intempéries des saisons, la privation momentanée des premiers besoins de la vie : voilà le but auquel nous devons tendre ; telles sont les habitudes heureuses que nous devons créer en eux ; tels sont les avantages physiques qui, pour tous en général, sont un bien précieux.

Les moyens pour remplir cet objet seront faciles dans le système de l'institution publique.

Continuellement sous l'œil et dans la main d'une active surveillance, chaque heure sera marquée pour le sommeil, le repas, le travail, l'exercice, le délassement ; tout le régime de vie sera invariablement réglé [1] ; les épreuves graduelles et successives seront déterminées ; les genres de travaux du corps seront

1. Un pareil système est vraiment incroyable, quand il s'agit de susciter l'initiative de l'individu dans un pays libre. A-t-on jamais imaginé plus complètes ce que Montaigne appelait des « geôles de jeunesse captive » ?

désignés ; les exercices de gymnastique seront indiqués ; un règlement salutaire et uniforme prescrira tous ces détails, et une exécution constante et facile en assurera les bons effets.

Je désire que pour les besoins ordinaires de la vie, les enfants privés de toute espèce de superfluité, soient restreints à l'absolu nécessaire. Ils seront couchés durement, leur nourriture saine, mais frugale ; leur vêtement commode mais grossier[1].

Il importe que pour tous l'habitude de l'enfance soit telle, qu'aucun n'ait à souffrir du passage de l'institution aux divers états de la société. L'enfant qui rentrera dans le sein d'une famille pauvre retrouvera toujours ce qu'il quitte ; il aura été accoutumé à vivre de peu, il n'aura pas changé d'existence ; quant à l'enfant du riche, d'autres habitudes plus douces l'attendent, mais celles-là se contractent facilement. Et pour le riche lui-même, il peut exister dans la vie telles circonstances où il bénira l'âpre austérité et la salutaire rudesse de l'éducation de ses premiers ans.

Après la force et la santé, il est un bien que l'institution publique doit à tous, parce que pour tous il il est d'un avantage inestimable, je veux dire l'accoutumance au travail.

Je ne parle point ici de telle ou telle industrie particulière ; mais c'est en général ce courage pour entreprendre une tâche pénible, cette action en l'exécutant, cette constance à la suivre, cette persévérance jusqu'à ce qu'elle soit achevée, qui caractérise l'homme laborieux.

1. Ceci vient en ligne directe de Locke et de J.-J. Rousseau.

Formez de tels hommes, et la République composée bientôt de ces robustes éléments, verra doubler dans son sein les produits de l'agriculture et de l'industrie.

Formez de tels hommes et vous verrez disparaître presque toutes les erreurs.

Formez de tels hommes, et l'aspect hideux de la misère n'affligera plus vos regards.

Créez dans vos jeunes élèves ce goût, ce besoin, cette habitude de travail, leur existence est assurée, ils ne dépendent plus que d'eux-mêmes. J'ai regardé cette partie de l'éducation comme une des plus importantes.

Dans l'emploi de la journée, tout le reste sera accessoire, le travail des mains sera la principale occupation[1].

Un petit nombre d'heures en sera distrait ; tous les ressorts qui meuvent les hommes seront dirigés pour activer l'ardeur de notre laborieuse jeunesse.

Il est une foule d'emplois laborieux dont les enfants sont susceptibles. Je propose que tous soient exercés à travailler à la terre ; c'est la première, c'est la plus nécessaire, c'est la plus générale occupation de l'homme ; partout d'ailleurs elle offre du pain.

On peut encore leur faire ramasser et répandre les matériaux sur les routes[2] ; les localités, les saisons, les manufactures voisines de la maison d'institution offriront des ressources particulières[3].

1. Encore l'inspiration de Jean-Jacques.

2. Belle idée ! remplacer l'instruction primaire par le travail des cantonniers !

3. Et pourtant Lepelletier aurait certainement voté, en n'obéissant

Enfin un parti plus général ne serait peut-être pas impraticable.

Je voudrais qu'on établît dans les maisons d'institution divers genres de travaux auxquels tous les enfants sont propres, et qui, distribués et répartis dans tous ces établissements, grossiraient sensiblement pour la République la masse annuelle des productions manufacturées [1].

J'appelle sur cette vue importante d'économie politique l'attention et le génie des citoyens intelligents dans les arts. J'offre un programme à remplir sur cet objet, et je demande que la nation promette une honorable récompense pour tous ceux qui indiqueront un genre d'industrie facile qui soit propre à rem plir la destination que je vous propose.

Régler sa vie et la plier au joug d'une exacte discipline sont encore deux habitudes importantes au bonheur de l'être social. Elles ne peuvent se prendre que dans l'enfance; acquises à cet âge, elles deviennent une seconde nature.

On calculerait difficilement à quel point une vie réglée et bien ordonnée multiplie l'existence, moralise les actions de l'homme, fait entrer dans la conduite tout ce qui est bien, et la remplit tellement d'actes utiles, qu'il n'y reste plus de place, si je puis parler ainsi, pour tout ce qui est vice et désordre.

Je n'attache pas un moindre prix à l'habitude d'une austère discipline. Souvenons-nous que nous élevons

qu'à son cœur, la loi sur la limitation du travail des enfants dans les manufactures.

1. Voilà justement la concurrence dont se plaignent, non sans raison, nos ouvriers.

des hommes destinés à jouir de la liberté, et qu'il n'existe pas de liberté sans obéissance aux lois [1].

Ployés [2] tous les jours et à tous les instants sous le joug d'une règle exacte, les élèves de la patrie se trouveront formés à la sainte dépendance des lois et des autorités légitimes. Voyez ce jeune soldat avant qu'il ne s'engage, et retrouvez-le après qu'il a servi quelque temps ; ce n'est plus le même homme ; ce changement est pourtant l'ouvrage de quelques mois de discipline militaire. Combien ce moyen ne sera-t-il pas plus efficace, étant dirigé sur les organes souples et flexibles de l'enfance, modifié avec philosophie et mis en œuvre avec habileté et intelligence [3] !

Sans l'éducation commune et nationale, il est également impossible de créer les deux habitudes importantes que je viens de développer [4].

Sans l'éducation nationale, il vous faut aussi renoncer à former ce que j'appelle les mœurs de l'enfant, qui bientôt, par ce plan, vont devenir les mœurs nationales ; son caractère, un langage qui ne soit pas grossier, l'attitude et le port d'un homme libre, enfin des manières franches, également distantes de la politesse et de la rusticité. Entre citoyens égaux d'une même République, il faut que ces divers avantages de l'éducation soient répartis à tous ; car on a beau

1. Sans doute ; mais la liberté et l'obéissance aux lois ne s'apprennent pas dans l'enfance par une *austère* discipline qui fait trouver toutes les lois tyranniques.

2. Affreux mot pour des enfants !

3. Curieuse philosophie, d'appliquer la même méthode à des hommes et à des enfants.

4. C'est ce que nous nions formellement.

dire, ces nuances, lorsqu'elles existent, créent d'incalculables différences, et établissent de trop réelles inégalités entre les hommes.

Je ne sais si je m'abuse, mais il me semble que toutes les habitudes dont j'ai présenté jusqu'ici l'énumération sont une source féconde d'avantages pour les enfants et pour l'État; ce sont les vrais fondements d'une salutaire éducation ; sans elles il n'existe pas d'éducation. Si, dans l'enfance, nous ne les donnons pas à tous les citoyens, la nation ne peut pas être profondément régénérée.

De toutes ces habitudes, il n'en est pas une seule dont j'entrevoie la source dans le système du comité. Créer des habitudes est un objet entièrement étranger à son plan : il offre à tous d'utiles leçons; mais pour former des hommes, des instructions ne suffisent pas.

J'aborde maintenant l'enseignement, cette partie de l'éducation, la seule que le Comité ait traitée, et ici je marcherai d'accord avec lui.

Je me contenterai d'observer que, sans multiplier davantage ces objets d'étude, je désire que l'enseignement en soit un peu plus étendu et plus approfondi que dans le plan du Comité; je voudrais reporter quelque chose de l'instruction destinée par le Comité pour les écoles secondaires, dans mon cours d'institution publique.

Le Comité dans les écoles primaires n'avait préparé cette substance morale, pour l'enfance, que jusqu'à l'âge de dix ans. Je prolonge jusqu'à douze l'institution publique, et ces deux années comportent une nourriture plus solide et plus abondante.

Jusqu'ici j'ai développé le système de diverses habitudes dont la réunion forme le complément d'un bon cours d'éducation ; et cependant je n'ai pas encore prononcé le nom de cette habitude morale qui exerce une si souveraine influence sur toute la vie de l'homme ; je veux dire la religion : sur cette matière délicate, il est plus aisé d'exprimer ce qui est mieux que ce qui est possible.

C'est d'après le principe que l'enfance est destinée à recevoir l'impression salutaire de l'habitude, que je voudrais qu'à cet âge il ne soit pas parlé de religion, précisément parce que je n'aime point dans l'homme ce qu'il a toujours eu jusqu'à présent, une religion d'habitude. Je regarde ce choix important comme devant être l'acte le plus réfléchi de la raison.

Je désirerais que, pendant le cours entier de l'institution publique, l'enfant ne reçût que les instructions de la morale universelle et non les enseignements d'une croyance particulière.

Je désirerais que ce ne fût qu'à douze ans, lorsqu'il sera rentré dans la société, qu'il adoptât un culte avec réflexion. Il me semble qu'il ne devrait choisir que lorsqu'il pourrait juger.

Cependant, d'après la disposition actuelle des esprits, surtout dans les campagnes, peut-être pourriez-vous craindre de porter le mécontentement et le scandale même au milieu de familles simples et innocentes, si les parents voyaient leurs enfants séparés jusqu'à douze ans des pratiques extérieures de tout culte religieux. Je soumets cette difficulté de circonstances à la sagesse de vos réflexions ; mais j'insiste, dans tous les cas, pour que cette partie de l'enseignement n'entre point dans le cours de l'éducation nationale, ne soit pas confiée aux instituteurs nationaux, et qu'il soit seulement permis (si vous jugez cette condescendance nécessaire) de conduire à certains jours et à certaines heures les enfants au temple le plus voisin, pour y apprendre et y pratiquer la religion à laquelle ils auront été voués par leurs familles.

Telles sont les bornes dans lesquelles se renferme le plan de l'institution publique.

Je peux le résumer en deux mots : donner à tous les habitudes physiques et les habitudes morales, les instructions et les connaissances qui, étant acquises dans l'enfance, influent sur tout le reste de la vie, qu'il importe à tous d'acquérir, qui ont une commune utilité pour tous, à quelque profession qu'ils se destinent, et qui doivent produire une masse sensible d'avantages pour la société, lorsqu'elle en aura pourvu également tous les membres qui sont destinés à la composer.

Au surplus, ce plan tracé à la hâte a besoin sans doute d'être perfectionné ; de meilleurs esprits, des philosophes plus profonds pourront suppléer à ce qu'il a de défectueux, le temps et l'expérience l'enrichiront. Mais j'observe que ce qu'il a d'utile, que son principal avantage, c'est cette susceptibilité de recevoir un perfectionnement graduel et progressif ; c'est un cadre dans lequel toute vue utile, toute institution bienfaitrice à l'enfance peut se placer d'elle-même.

Jamais dans les écoles primaires, nous ne trouverons qu'une instruction imparfaite. Leur vice radical, c'est de ne s'emparer que de quelques heures et de livrer à l'abandon toutes les autres. On concevra en vain des théories ingénieuses ; en vain, pour former, pour instruire l'enfance, établira-t-on des méthodes parfaites ! Tout cela, avec des écoles primaires, manquera toujours par l'exécution ; avec un tel moyen il est impossible de produire autre chose que des effets ou nuls, ou partiels, ou profitables à un très petit nombre d'individus.

Dans l'institution publique au contraire, la totalité de l'existence de l'enfant nous appartient ; la matière, si je puis m'exprimer ainsi, ne sort jamais du moule[1] ; aucun objet extérieur ne vient déformer la modification que vous lui donnez. Prescrivez, l'exécution est certaine ; imaginez une bonne méthode, à l'instant elle est suivie ; créez une conception utile, elle se pratique complètement et sans efforts.

Je pousserai encore plus loin cette idée, et j'ose attester que la société et l'humanité pourraient recueillir d'importants avantages de l'établissement permanent de prix annuels proposés à quiconque aura conçu une pensée utile sur l'éducation, et ajouté un bon article au code de l'enfance.

La partie financière du projet, qui fera sourire plus d'un économiste, est encore celle qui nous paraît la plus heureusement originale.

Chacun payera une taxe pour l'institution publique au prorata de ses contributions ; et comme tous les enfants seront élevés en commun, aucun ne coûtant plus cher que l'autre, ce seront en définitive les riches qui payeront pour les pauvres. Ainsi, un homme ne payant que la valeur de trois journées de travail, soit trois *livres*, payera, du chef de l'institution publique, une surtaxe de trente sous. Or :

L'homme aux trois journées de travail, moyennant

1. Et voilà justement votre malheur. C'est de ne considérer l'enfant que comme une matière et de le tenir à la gêne dans un *moule*. C'est l'emmailloter avant de lui dire : Marche.

la surtaxe de trente sous, se verra affranchi du poids d'une famille souvent nombreuse ; tous ses enfants seront nourris aux dépens de l'État ; avec ce faible sacrifice de trente sous, il pourra avoir jusqu'à sept enfants à la fois élevés aux frais de la République.

Sept enfants pour trente sous ! Il faut avouer que ce n'est pas cher. Qui voudrait s'en priver à ce prix ?

J'ose le demander, où sera maintenant l'indigence ? Une seule loi bienfaitrice l'aura fait disparaître du sol de la France.

Sous cette arithmétique fantaisiste, il y a une pensée fort généreuse, une constatation fort sérieuse, fort douloureuse même : c'est que dans l'état actuel de notre société, les enfants, véritable richesse de la nation, sont souvent la cause de la plus noire misère pour ceux qui les donnent à la patrie :

Jetez les yeux sur les campagnes ; portez vos regards dans l'intérieur de ces chaumières ; pénétrez dans les extrémités des villes, où une immense population fourmille à peine couverte de haillons ; là-même le travail apporterait l'aisance ; mais la fécondité y ramène encore le besoin. Le père et la mère, tous deux laborieux, trouveraient facilement dans l'industrie ce qu'il leur faut pour vivre ; mais ce pain gagné péniblement n'est pas pour eux seuls ; des enfants nombreux leur en arrachent une partie, et la richesse qu'ils donnent à l'État repousse sur eux toutes les horreurs de la misère.

La naissance d'un enfant est un accident. Les soins que la mère lui prodigue sont mêlés de regrets et du mal-être de l'inquiétude. A peine les premières nécessités sont-elles accordées à cette malheureuse créature ; car il faut que le besoin qui partage soit parcimonieux : l'enfant est mal nourri, mal soigné, mal traité ; et souvent, parce qu'on souffre, il ne se développe point ou il se développe mal ; et à défaut de la grossière culture cette jeune plante est avortée. Quelquefois même, le dirai-je? un spectacle plus déchirant m'a navré ; je vois une famille affligée ; j'approche : un enfant venait d'expirer là... et d'abord la nature arrachait à ce couple infortuné quelques pleurs ; mais bientôt l'affreuse indigence lui présentait cette consolation plus amère encore que ses larmes... c'est une charge de moins !

Utiles et malheureux citoyens, bientôt peut-être cette charge ne sera plus pour vous un fardeau ; la République bienfaisante viendra l'alléger un jour ; peut-être rendus à l'aisance et aux douces impulsions de la nature, vous pourrez donner sans regrets des enfants à la patrie. La patrie les recevra tous également, les élèvera tous également sur les fonds du superflu de la richesse ; les nourrira tous également, les vêtira tous également ; et lorsque vous les reprendrez tout formés de ses mains, ils feront rentrer dans vos familles une nouvelle source d'abondance puisqu'ils y apporteront la force, la santé, l'amour et l'habitude du travail.

Voici comment cet amour du travail leur sera inculqué :

Aucun domestique ne sera employé dans les maisons d'institution : les enfants les plus âgés donneront aux plus jeunes les secours dont ils pourront avoir besoin[1]; ils feront, chacun à leur tour, le service

1. La propreté des gamins de six ans confiée aux gamins de douze ans !

commun, ils apprendront, tout à la fois, à se suffire à eux-mêmes, et à se rendre utiles aux autres.

A l'égard de la nourriture, les aliments les plus simples et les plus communs, à raison de leur abondance, seront préférés [1].

Il sera fait un état de ceux qui conviennent à la santé des enfants; et dans le nombre déterminé on choisira toujours celui que le climat et la saison offrent à moins de frais. Je crois que le vin et la viande en doivent être exclus ; l'usage n'en est pas nécessaire à l'enfance; et pour vous présenter un aperçu de l'utile parcimonie qu'on peut apporter dans les frais de nourriture des jeunes élèves, je vous citerai un fait que tous les journaux du temps ont publié. Dans le grand hiver de 1788, le curé de Sainte-Marguerite, à Paris, employa, avec le plus grand succès, une recette composée d'un mélange de plusieurs espèces d'aliments; il fit vivre fort sainement une multitude immense de malheureux, et la portion d'un homme fait n'allait pas à trois sous par jour [2].

Maintenant il ne me reste plus qu'à vous exposer de quelle manière je conçois que doit être organisée l'administration des nouveaux établissements d'institution publique. Quels autres que les pères de famille du canton pourraient recevoir cette marque honorable de la confiance publique ?

Je propose que, tous les ans, les pères de famille du canton réunis, choisissent, pour chaque maison d'éducation nationale, qui y sera établie, un conseil de

1. Voilà de quoi faire tressaillir d'aise les haricots de nos collèges.

2. Lepelletier songe au brouet noir des Spartiates ; souvenirs et regrets !

cinquante-deux pères pris dans leur sein. Chacun des membres du conseil sera obligé de donner, dans tout le cours de l'année, sept jours de son temps, et chacun fera sa semaine de résidence dans la maison d'institution, pour suivre la conduite, et des enfants et des maîtres [1].

Une fois tous les mois, le conseil des cinquante-deux pères de famille s'assemblera, et chacun y rendra compte de ses observations, des plaintes ou des éloges dont sa semaine de surveillance lui aura fourni l'occasion.

Je crois utile que quelques membres des autorités constituées soient présents à cette séance, pour qu'ils puissent sans délai porter remède aux abus dont ils acquerraient la connaissance.

Le comité d'économat, d'hygiène, de direction des travaux et des études sera constitué lui-même par un comité élu de quatre pères de famille.

Telle est l'administration, tout à la fois simple et active que je propose pour chaque établissement d'éducation [2].

Engagé dans une digression où il croit prouver de nouveau que sa loi aura pour effet l'extinction du paupérisme, Lepelletier conçoit une pensée à laquelle, dit-il,

je crois quelque moralité. Nous regardons comme une dette de la société l'obligation de nourrir les vieillards et les infirmes hors d'état de gagner leur

1. Cinquante-deux : autant que de semaines dans l'année. Il paraît qu'il n'y aura même pas de vacances.

2. Je le demande, cela est-il simple ? Si c'était simple, tout cela serait-il raisonnable ?

vie; déjà vous en avez reconnu le principe, et vous vous occupez des moyens d'exécution. Pourquoi élever dispendieusement de nouveaux édifices? Formons une réunion doublement utile : je voudrais que les vieillards, à la charge des communes d'un canton, trouvassent leur asile dans une partie des établissements destinés à l'institution publique.

Là, presque sans frais, ils partageraient une frugale nourriture; là, presque sans frais, ils recevraient les assistances journalières qui leur sont nécessaires : les enfants les plus âgés et les plus forts seraient successivement employés à l'honneur de les servir.

Quelle utile institution ! Quelle leçon vivante des devoirs sociaux ! Il me semble qu'il existe quelque chose de touchant et de religieux dans le rapprochement du premier et du dernier âge, de l'infirmité caduque et de l'enfance. Ainsi le haut respect pour la vieillesse, la compassion pour le malheur, la bienfaisante humanité, pénétreront dans l'âme de nos élèves avec leurs premières sensations et s'y graveront profondément ; leurs habitudes même deviendront en eux des vertus [1].

Voici comment Lepelletier résume les bienfaits de son institution publique :

Ainsi la population recevra de puissants encouragements.

1. Déjà cantonniers, voici maintenant nos pauvres petits élèves infirmiers. Toutes ces belles phrases « partent d'un bon naturel » comme a dit La Fontaine. Mais combien la réalité est loin de ces imaginations et de cette sensibilité littéraire !

Ainsi les mères, par leur propre intérêt, seront ramenées au plus doux des devoirs, à celui d'allaiter elles-mêmes leurs enfants.

Ainsi jusqu'à cinq ans l'enfance sera moins abandonnée à une pernicieuse incurie ; des encouragements et quelques lumières conserveront à la République une foule innombrable de ces êtres malheureux que la nature constitue pour vivre, et que la négligence condamne chaque année à périr.

Ainsi, depuis cinq ans jusqu'à douze, c'est-à-dire dans cette portion de la vie si décisive pour donner à l'être physique et moral la modification, l'impression, l'habitude qu'il conservera toujours, tout ce qui doit composer la République sera jeté dans un moule républicain.

Là, traités tous également, nourris également, vêtus également, enseignés également, l'égalité sera pour les jeunes élèves, non une spécieuse théorie, mais une pratique continuellement effectuée.

Ainsi se formera une race renouvelée, forte, laborieuse, réglée, disciplinée, et qu'une barrière impénétrable aura séparée du contact impur des préjugés de notre espèce vieillie.

Ainsi réunis tous ensemble, tous indépendants du besoin, par la munificence nationale, la même instruction, les mêmes connaissances leur seront données à tous également ; et les circonstances particulières de l'éloignement du domicile, de l'indigence des parents, ne rendront illusoire pour aucun le bienfait de la patrie.

Ainsi la pauvreté est secourue dans ce qui lui manque ; ainsi la richesse est dépouillée d'une portion de son superflu ; et sans crise ni convulsion, ces deux maladies du corps politique s'atténuent insensiblement.

Au sortir de l'institution publique, l'agriculture et les arts mécaniques vont appeler la plus grande partie de nos élèves, car ces deux classes constituent la presque totalité de la nation.

Une très petite portion, mais choisie, sera destinée à la culture des arts agréables et aux études qui tiennent à l'esprit.

Voyons quels sont les devoirs de la société envers les uns et les autres. Quant aux premiers, l'apprentissage de leurs divers métiers n'est pas du ressort de la loi. Le meilleur maître c'est l'intérêt ; la leçon la plus persuasive, c'est le besoin [1].

Laisserons-nous pourtant à un abandon absolu deux classes nombreuses, celles des jeunes citoyens devenus artisans et laboureurs ? ou plutôt la société ne doit-elle pas continuer encore envers eux les soins de quelque culture morale ?

Voici ce qui m'a paru utile et en même temps praticable.

La semaine appartient au travail ; les en détourner serait absurde et impossible ; mais aux jours de délassement, à certaines époques qui seront déterminées, il est bon, il est convenable que la jeunesse retrouve des exercices du corps, quelques leçons, des fêtes, des rassemblements qui appellent son attention, intéressent sa curiosité, excitent son émulation. Ainsi les heureuses impressions qu'aura reçues l'enfance ne s'effaceront point ; et sans rien dérober du

1. C'est rayer, sous un prétexe peut-être plus spécieux que juste, l'instruction professionnelle.

temps nécessaire aux travaux, le repos cessera d'être oisif, et le plaisir lui-même présentera des instructions.

Vos comités, dans un travail vraiment philosophique, vous ont offert des moyens d'appeler dans les solennités civiques la jeunesse sortie des premières écoles.

Ici donc s'achève mon plan par celui de vos comités ; je n'ajouterai rien de neuf, et vos moments sont précieux.

La lecture du plan de Lepelletier fait doublement regretter la mort tragique de son auteur : d'abord parce qu'il découvre en lui une âme sensible, généreuse, touchée du bien public, passionnée des grandes choses et droite jusque dans ses égarements ; ensuite, parce que, si l'auteur avait vécu, on n'eût peut-être guère fait d'attention à son plan. Sans doute il aurait eu, devant la Convention, la destinée de tant d'autres projets plus ou moins excentriques et impraticables qui, n'étant pas nés viables, ont été enterrés sans troubler le cours des événements.

On trouvera peut-être notre appréciation bien dure pour une œuvre dont l'intérêt est indiscutable et à laquelle Michelet, dans son épique et merveilleuse *Histoire de la Révolution Française*, rend un hommage si plein d'enthousiasme et de regrets.

Pour moi, il est incompréhensible que Michelet, qui a peut-être vu, dans le grand drame de la Révolution, plus juste et plus loin que personne ; que Michelet, cet admirable historien national si épris de liberté et de judicieux patriotisme, ait considéré sérieusement le plan de Lepelletier comme celui qui devait régénérer la France et y affermir la République. C'est à faire douter si le poète n'a pas fait ici tort au critique et si Michelet n'a pas cru Lepelletier sur parole, colorant les illusions de l'utopiste pour nous en faire un mirage.

Malgré notre sympathie pour le cœur de ces deux hommes, notre déférence pour leur esprit, il nous sera bien permis d'avoir une opinion toute contraire à la leur et d'avoir raison contre eux avec la raison et la liberté.

L'idée d'emprisonner les enfants dans des pensionnats et dans des *moules* étroits pour en faire des républicains est une radicale erreur. Ces internats populeux et rigoureux, s'ils avaient jamais pu exister, eussent été pires que ceux que Napoléon a rétablis, et qui ont été la plaie de notre enseignement secondaire.

Ces derniers en effet sont destinés par nature à ne recevoir qu'une petite partie des enfants d'une classe restreinte de la société, la classe moyenne et aisée. Les internats de Lepelletier devaient englober et claquemurer tous les enfants de la France, jusqu'au dernier.

Ils devaient les prendre dans un âge où il serait insensé de les séparer absolument de la famille et de les soumettre à ce régime étiolant pour le cœur, l'esprit et la volonté.

Le régime, déjà détestable en lui-même, devait être aggravé par des prescriptions absurdes, par des tâches absolument incompatibles avec la nature et le développement des facultés de l'enfant.

L'institution publique de Lepelletier n'eût pas donné les âmes libres et fières qu'il en attendait. Caserne de l'enfance, elle eût été une pépinière de prétoriens, *ployés* par l'habitude à la discipline et tels que Napoléon demanda à l'internat lui-même de les lui confectionner.

Au fond, et si inattendu que puisse être ce jugement, la conception de Lepelletier a plus de rapports qu'il ne le croyait avec celle d'un théologien. On ne naît pas chrétien, on le devient ; et il faut qu'une éducation toute-puissante vous mate et vous dirige, pour vous mettre et vous maintenir dans les voies de la religion. De là, chez les jésuites et chez leurs émules, cette idée de l'internat, afin de permettre aux maîtres et à la doctrine même de prendre à la fois pleine et entière possession du corps, du cœur et de l'esprit.

De même, il semble à Lepelletier que par une sorte de péché originel, dont la faute, il est vrai, est à ses yeux dans la société monarchique de son époque, on ne naisse pas républicain et qu'il faille le devenir passivement par l'opération d'une inflexible et formidable machine.

Mais le républicain est au contraire, à moins d'une aberration totale de notre part, celui qui, élevé, maintenu et fortifié dans la liberté par une éducation respectueuse de la nature humaine, a été soigneusement préservé de tout asservissement physique et moral ; celui qu'on n'a pas traité par une sorte de mécanisme orthopédique, mais dont on a brisé les chaînes intellectuelles, pour le laisser développer à l'aise son esprit et son cœur dans la science et dans la société ; celui qu'on n'a pas façonné comme une *matière* à *mouler*, mais qu'on a cultivé comme un être animé d'une force vivante, ayant le droit sacré de croître par lui-même jusqu'à la plénitude de son épanouissement.

Dans son horreur des institutions monastiques qu'il imitait sans le vouloir, Lepelletier croyait reculer jusqu'à l'idéal de Lycurgue et de Lacédémone. Il est bien de ce temps où un républicain naïf, en quête de réformes sociales, demandait aux archives qu'on lui envoyât les lois de Minos dans les vingt-quatre heures. La légende des républiques antiques, légende puisée dans la fausse instruction classique des collèges, a hanté plus d'une imagination révolutionnaire. Détruisant ce qui les entourait et ne sachant bien où se prendre, bon nombre de ces philosophes incomplets se retournaient vers le passé pour lui demander leurs inspirations. Ouvriers embauchés par l'obscure force des choses et qui n'avaient pas tous la pleine conscience de la nature de leur tâche, ils ne se doutaient guère, ces fondateurs du droit et du monde moderne, que la liberté des républiques antiques n'avait jamais été la liberté individuelle ; que Sparte avait été, parmi les États aristocratiques, l'un des plus oppressifs et des plus tyranniques et que l'éducation lacédémonienne constituait l'école la plus inique de faux orgueil, de violence jalouse et de domination rapace.

Le plan de Lepelletier rencontra cependant toute l'opposition conciliable avec le respect de son nom, devenu celui d'un martyr par la grâce d'un assassinat. Glorifié dans le Panthéon, il semblait que ses mânes augustes fussent présents aux discussions de l'Assemblée et pesassent sur elle avec la double autorité de la mort et de l'héroïsme. Robespierre, qui présentait le projet, apportait encore, à l'appui de ces sentiments, l'image de l'austérité et de la vertu.

Grégoire, *Thibaudeau* et *Piette* eurent le courage d'attaquer et de flétrir d'avance le spectacle de ces immenses internats.

Fourcroy démêla habilement l'inspiration spartiate de Lepelletier.

Il regarde, avec les sages de la Grèce, les fils des citoyens comme les enfants de la République ; il les sépare de leurs parents; ils ont avant eux une première mère : c'est la patrie ; il les recueille dans le sein de cette mère commune ; il les nourrit de sa propre substance ; il les forme entièrement pour elle ; il veut qu'ils soient tout entiers à la République : c'est sans doute une idée grande et digne de son auteur.

Pour n'être point en reste d'autorités classiques, il ajouta :

Vous pourrez imiter Athènes, où les écoles étaient ouvertes au lever du soleil et fermées à son coucher ; chez vous comme en Grèce, les enfants en se jouant seront initiés aux premières connaissances humaines.

Danton, qui posa plus tard ce principe que les enfants appartenaient à la patrie avant d'appartenir à leurs parents, mais qui respecta toujours la nature et l'humanité ; Danton appuya l'idée de rendre les internats facultatifs, et de ne faire qu'à titre d'externat l'école publique obligatoire. On se couvrit de prétextes financiers. Mais tout en paraissant exalter le plan de Lepelletier, c'était l'économie essentielle qu'on en détruisait. On le ramenait en somme aux proportions des principes que notre temps a adoptés et que la raison recommandait déjà : l'instruction *forcée*, comme on disait alors, mais l'assiduité réduite à la présence des élèves pendant les heures de classe. On tirait du plan de Lepelletier ce que son auteur n'eût jamais consenti à en voir sortir : le respect de la vie de famille limité seulement et dominé, mais non plus éliminé par le droit de l'État. On adopta le projet avec cet amendement. Encore n'était-il pas promis, même avec cette rectification, à de longues destinées. Sa fortune devait être aussi courte qu'elle avait été brillante.

CHAPITRE X

Paris et Romme.

Le 8 août de cette même année 93, sur le rapport de l'abbé *Grégoire*, la suppression des anciennes académies fut votée.

Le 25, une députation d'instituteurs demanda que l'éducation nationale fût forcée et gratuite.

Guyton-Morveau fait établir, par le titre premier du Code civil, que les parents doivent à leurs enfants l'éducation professionnelle.

On nomme une commission des livres élémentaires.

Lakanal obtient la réorganisation de l'Observatoire. Il fait fermer les anciennes écoles militaires, où les admissions n'avaient guère eu lieu jusqu'alors qu'à la faveur de la naissance ; celle d'Auxerre est seule exceptée. Il fait décréter que, provisoirement, les corps administratifs seront chargés de la nomination des instituteurs, et particulièrement du remplacement de ceux « qui n'ont pas constamment professé, depuis 1789, les principes de la Révolution ». Lakanal comptait un peu sans son hôte ; les corps administratifs n'étaient pas tous révolutionnaires. Cette disposition était cependant encore préférable à l'abandon d'une telle prérogative entre les mains des particuliers ou des municipalités. Les choses restèrent réglées de cette façon pendant la période républicaine [1].

Nous touchons ici à un nouveau plan d'ensemble dont la source est double, en quelque sorte. Le 15 septembre, une députation du département de Paris, dont la composition sera

1. Pour tout ce passage, v. M. Guillaume, *Dict. de pédagogie*, art. *Convention*.

indiquée plus bas, se présenta à la barre de la Convention et demanda l'organisation de l'enseignement supérieur, présentant sur cette question un projet fort bien étudié. L'assemblée le décréta d'enthousiasme. Mais le lendemain, quelques députés essayent de faire rapporter le vote. On trouve en première ligne *Couppé de l'Oise* et *Chabot*, un curé et un capucin, tous deux violents et grossiers, unis pour demander qu'on ne s'occupe pas de haut enseignement et qui dénoncent la science comme constituant une nouvelle aristocratie. On n'est pas plus borné, plus fanatique à rebours et plus sot. *Chabot* espère qu'on pourra bientôt se passer de savants et se félicite qu'on ait déjà repoussé le plan de « Monsieur de Condorcet, parce qu'il était trop scientifique ».

L'assemblée ajourna sa décision. La commission discutait sans pouvoir aboutir, étant exactement divisée en deux moitiés dont l'une était hostile et l'autre favorable à un plan d'ensemble sur l'éducation. Enfin on nomma, pour départager les avis, trois commissaires nouveaux dont deux, Guyton-Morveau et Romme, apportèrent leur appui au parti éclairé de Lakanal.

J'ai étudié le nouveau plan de Romme, prolongé en quelque sorte par celui du département de Paris, dans des termes que je demande au lecteur la permission de mettre sous ses yeux [1].

Consultons un de ces nombreux projets d'éducation nationale qui furent présentés à la Convention, et dont les circonstances ne lui permirent malheureusement d'appliquer qu'une faible partie. Il n'en est aucun qui se recommande plus à nous que celui qui fut lu dans la séance du 20 octobre 93 par le député Romme, rapporteur de la Commission d'éducation nationale.

Son projet, d'après un de ses ennemis, qui croyait par là le discréditer, semble avoir « l'encyclopédie pour modèle ». N'est-ce pas dire qu'il se rattache à cette grande tradition scientifique française qui,

1. L'auteur tire la fin de ce chapitre du discours de distribution de prix qu'il prononça au lycée de Valenciennes au mois d'août 1881.

malgré tout, sera certainement un des facteurs principaux de la constitution de la société future [1]. D'autre part, il procède d'une source sans laquelle aujourd'hui tout est stérile et non avenu, la démocratie. Il fut conçu et rédigé à la suite d'une pétition portée à la barre de l'assemblée au nom du département de Paris, des districts ruraux, de la commune, des sections et des sociétés populaires. La terreur venait d'être mise à l'ordre du jour, la levée en masse était décrétée, la loi du maximum votée ; la loi des suspects allait passer le surlendemain. C'est au milieu de cette tempête politique, la plus effroyable peut-être dont notre histoire ait conservé le souvenir, presque au bruit du canon de l'ennemi, parmi le déchaînement des passions à l'intérieur ; c'est alors que la voix du peuple s'élève avec sérénité pour demander l'organisation des études les plus élevées et les plus désintéressées — exemple mémorable de cet instinct supérieur et de ce souci de l'idéal propres à notre pays, qui font sourire les sceptiques et qui n'en ont pas moins été, dans tous nos périls nationaux, le gage du relèvement de la patrie. — Et qu'on ne croie pas qu'il s'agissait là de quelque vœu informe et confus. C'était un plan si bien élaboré que nous pourrons le citer comme celui de Romme lui-même.

Je laisse de côté les critiques ardentes adressées à l'enseignement des anciens collèges, bien qu'il y ait plus d'un article de leur programme qui ait surnagé jusqu'à nous ; et je passe sous silence les imperfections signalées dans l'héritage des institutions sco-

1. C'est dire aussi qu'il se rattache au plan de « Monsieur de Condorcet, » comme dit si finement Chabot.

laires que la monarchie léguait à la République, bien qu'il y ait des tentatives de le réhabiliter aujourd'hui. Le premier point fixé par les désirs des pétitionnaires aussi bien que par le projet de Romme, c'est que l'instruction sera véritablement publique, c'est-à-dire obligatoire et gratuite : « Tout individu, depuis l'âge » de 6 ans, est inscrit dans les écoles nationales.... » Nous ne voulons plus que les avantages de l'édu- » cation soient l'apanage exclusif de la caste trop » longtemps privilégiée des riches ; nous voulons y » appeler tous nos concitoyens. Nous inviterons, » nous aiderons les indigents à sortir de leurs sou- » terrains, à descendre de leurs greniers pour venir » participer à ces institutions salutaires. »

Romme et la commission n'hésitent pas davantage devant le principe de la laïcité de l'instruction, et ils y pourvoient par les deux articles suivants, dont quelques particularités sont assez expliquées par les circonstances : « Aucun ci-devant noble, aucun ecclé- » siastique et ministre d'un culte quelconque ne peut » être élu instituteur national — les femmes ci-de- » vant nobles, les ci-devant religieuses, chanoinesses, » sœurs grises, ainsi que les maîtresses d'école qui » auraient été nommées dans les anciennes écoles » par des ecclésiastiques ou des ci-devant nobles, ne » peuvent être nommées institutrices dans les écoles » nationales..... »

En vain se récrierait-on au nom de la liberté et de l'égalité que la Révolution elle-même avait proclamées. Nous n'avons pas affaire ici à des hommes qui missent leur gloire à ne pas transiger avec les principes, quand c'était le seul moyen de sauver ces principes eux-mêmes ; ils croyaient que le premier des devoirs était de subsister et que, suivant le mot des anciens, le salut de la patrie était la loi suprême.

Aussi affirmaient-ils résolument le droit de l'État sur la fonction vitale de l'enseignement public, et ils disaient : « Ce n'est ni aux individus ni même aux » familles qu'il faut abandonner le soin de l'éduca- » tion ; c'est à une grande nation qui, prise collecti- » vement, retire presque tout le fruit d'une éduca- » tion générale bien dirigée, à y attacher la plus » grande importance, à la surveiller avec le plus » grand intérêt.... »

Cette sollicitude de l'État commence avec la vie de l'enfant : « Le comité de l'instruction publique est » chargé de faire une instruction simple et courte » pour diriger les pères et les mères de famille dans » les premiers soins à donner aux enfants depuis » leur naissance jusqu'à leur entrée dans les écoles[1]. » Serait-ce un mince résultat, indigne des soins des plus hauts esprits, que de dissiper sur l'hygiène et la pédagogie de la première enfance tant de préjugés de l'ignorance, de la routine et de la superstition, qui règnent encore aujourd'hui ?

A peine entré dans l'école, l'enfant est attendu par ces instructions morales et civiques, qui nous ont été seulement rendues de nos jours, et qui, dans la pensée des hommes de la Révolution, devaient accompagner le Français durant toute sa vie, continuées qu'elles devaient être par une série de fêtes nationales organisées à cet effet. « Tout individu, dit le texte, » apprend, dans les écoles nationales, à connaître ses » droits, ses devoirs comme homme et comme ci-

1. On reconnaît ici une bonne idée de Lepelletier.

» toyen. » Et le programme pourvoit à faire des hommes et des citoyens capables d'exercer les uns et d'accomplir les autres. Il prescrit les moyens de former le cœur des enfants ; mais il n'a garde d'oublier leur corps. Il tend à faire des hommes utiles à eux-mêmes et à autrui.

Il leur aplanit la voie vers le choix d'un métier, cette dignité de l'homme, cette sauvegarde de la société ; et déjà il résout la question de la durée du service militaire de la seule manière qui apparaisse aujourd'hui comme raisonnable : l'instruction militaire commencée et menée de front avec les autres études.

Vous allez reconnaître dans les lignes suivantes le cœur sensible et l'imagination touchante du dix-huitième siècle : « On forme de bonne heure les enfants à » soulager, dans leurs travaux domestiques et cham- » pêtres, les vieillards, les pères de famille, les veuves, » les orphelins qui ont besoin de secours[1], ainsi » qu'à travailler pour le soldat de la patrie qui quitte » ses foyers, ses champs, son atelier pour la défense » de la commune. » Et ici le double sentiment des nécessités de la vie moderne et des vertus antiques : « par des exercices gymnastiques et militaires, par » le travail des mains et la fréquentation des ateliers, » par l'exercice de ses facultés intellectuelles et les » grands exemples de vertus sociales... chacun est » préparé à se choisir une profession utile et à deve- » nir l'ami et le défenseur de la patrie... »

Le programme des études proprement dites n'est

1. Ceci est encore, dans des termes raisonnables, une concession ou un emprunt à Lepelletier.

pas conçu avec un sens moins profond ni moins juste des besoins de nos sociétés nouvelles. Il est divisé en trois cycles qui se superposent et se surajoutent les uns aux autres, de manière que chacun d'eux forme un tout complet qui se suffise à lui-même et suffise aux individus que pressent les nécessités de la vie.

Mais comme les cycles supérieurs comportent en somme le même fond de connaissances que le premier, agrandies et variées il est vrai, l'éducation ne cesse pas d'être commune aux diverses classes de la société et prévient ainsi entre elles ces funestes malentendus dont le terme est la guerre civile.

Un résultat analogue est poursuivi dans l'éducation des filles qui, sauf les modifications que leur sexe commande, est tracée sur le même plan que celle des garçons. Ce sont les malentendus du ménage avec leur terme ordinaire, la guerre intestine, qu'une législation prévoyante cherche à prévenir ici.

Autant d'idées neuves [1], justes et fécondes, que nous ne faisons aujourd'hui qu'emprunter bien timidement encore au projet de Romme. Elles sont de nature à assurer ces deux conditions de toute belle œuvre, l'unité et la variété. L'enseignement est varié, car il est, dit le texte, « modifié et gradué selon l'âge et la capa- » cité des élèves, » et il faudra tenir compte, ajoute la pétition, « des circonstances et des localités ». Il est un, car, sous ces réserves, il est, dit Romme, « es- » sentiellement le même dans toutes les écoles na-

1. Neuves pour les auditeurs à qui s'adressait ce discours, mais non pas absolument pour mes lecteurs, qui en ont bien déjà vu quelque chose dans les meilleurs projets précédents.

tionales », il pourra, reprend la pétition, « s'appliquer » à tous les départements ».

C'est un point que ne perdent jamais de vue nos auteurs, que l'unité nationale à sauvegarder et à fortifier. La République est une et indivisible. Aussi le premier article du programme est-il l'enseignement de la langue française, de manière qu'elle « de» vienne en peu de temps la langue familière de toutes » les parties de la République ». Qu'avons-nous fait de cette précaution? — Cette première attache avec la patrie est fortifiée dans l'esprit des enfants par le récit de traits et d'anecdotes de la Révolution, des notions géographiques de la France et une première idée de leurs droits et de leurs devoirs, c'est-à-dire des bienfaits qu'ils reçoivent de leur pays et de la reconnaissance active à laquelle ils sont obligés en retour. Déjà le projet de Romme applique donc cette méthode trop longtemps dédaignée qui consiste à aller du connu à l'inconnu, de ce qui est voisin à ce qui est lointain, du concret à l'abstrait, du particulier au général. Il offre d'abord à l'enfant un enseignement anecdotique, une description du pays qui l'entoure; il stipule expressément et véritablement ce que depuis lors nous avons appelé les leçons de choses; il lui donne par l'usage la première notion des nombres, de la mesure, des outils; il le promène dans les champs et dans les ateliers sans autre souci immédiat que de lui apprendre à voir.

Dans les cycles suivants, cette première notion concrète devient successivement la connaissance pratique, puis théorique des machines, des métiers et des arts. La connaissance de la mesure sous toutes ses formes amène après elle le calcul, appliqué à l'exploitation et à la topographie, puis le dessin, la mécanique, les mathématiques ; sans oublier qu'il s'agit de faire des hommes utiles et non des savants et de manière à donner son plein développement à cet enseignement professionnel qui est un des besoins les plus légitimes de notre temps. Les leçons de choses sont remplacées par les leçons d'histoire naturelle et de physique. Les premières notions civiques et morales font place à l'étude du droit naturel, de la constitution française et de la législation civile, en un mot à ce cours de sociologie pratique que nos lycées attendent encore. L'enseignement anecdotique se transforme, se développe et nous nous trouvons enfin en face d'une étude de l'histoire bien comprise, infiniment éloignée de ce qu'on pourrait appeler l'histoire monarchique, qui ne nous entretenait que des rois et de leurs guerres. Ce que veut Romme, c'est ce que nous voulons, « c'est une histoire morale, politique, industrielle et commerciale des peuples ».

La préoccupation de l'histoire domine d'ailleurs tout le reste du programme. C'est à ce point de vue qu'il veut, avec raison, que toutes les langues soient étudiées : la langue française en première ligne, dès le début et jusqu'à la fin des cours. Quant aux langues étrangères, Romme sait quelle importance elles acquièrent tous les jours, tant pour l'échange des idées que pour les transactions commerciales, et il n'a garde d'en omettre l'enseignement. Enfin il ne supprime pas, comme on pourrait le supposer dans un plan d'inspiration si moderne, l'étude des langues anciennes. Il sait que notre grandeur nous vient par voie d'hérédité et de filiation des civilisations grecque et latine, et c'est la gloire de la France, la plus grande sœur des nations latines, de continuer ces traditions antiques et immortelles en les élargissant et en les humanisant encore.

On a remarqué justement que la Révolution française avait pris dès l'abord et conservé un caractère, non seulement français, mais humain, universel et qui en fait pénétrer l'esprit par toute la terre comme s'il s'agissait, en quelque sorte, d'une œuvre classique. N'en doutez pas, ce caractère lui vient, pour la plus grande part, de son héritage grec et latin ; et le véritable esprit de la Révolution française, fixé dans le projet qui nous occupe, n'était pas de le renier, en reniant les humanités. Ce qu'il fallait rejeter, c'était les méthodes surannées qui, par un artifice plus ou moins inconscient de leurs inventeurs modernes, ne présentaient à l'enfant les civilisations antiques qu'après en avoir ôté la moelle ; qui en réduisaient l'étude à des exercices sur des formes vides et dont l'essence creuse était le thème ou la composition versifiée ou non. Le projet de Romme comporte au contraire que les langues anciennes seront étudiées dans leurs rapports avec les arts et l'histoire ; c'est-à-dire que l'étude de la langue ne sera plus séparée de celle des faits, ni la forme du fond, ni les mots des choses, ni la phrase des pensées, ni l'idiome de l'esprit qui lui donnait l'âme ; en un mot, que l'enfant sera replacé dans la même atmosphère matérielle et morale qui fut celle de ses glorieux ancêtres intellectuels ; afin que fortifié, pour ainsi dire, par l'air des premières civilisations, jeunes comme lui, il entre plus vigoureux dans la carrière de la vie nouvelle.

CHAPITRE XI

Lakanal.

Après les différents projets que nous avons déjà rencontrés et étudiés, la fécondité pédagogique de la Révolution est pour ainsi dire épuisée. Il ne se produira plus aucune théorie nouvelle digne d'arrêter et de fixer l'attention de l'historien. J'ai déjà dû passer sous silence des plans avortés, des discours isolés, des discussions qui n'eurent aucune sanction législative. Il n'est aucun de ces documents qui ne ressasse nécessairement des conceptions déjà émises; car le nombre n'en est pas illimité et infini. De même les lois et les règlements auxquels s'en va aboutir le travail de la Convention ne seront plus que le décalque affaibli des magnifiques plans d'ensemble que la science et la philosophie avaient précédemment élaborés.

Les décrets que Romme avait obtenus de la Convention ne subsistèrent pas longtemps. Dès le mois de novembre, on décida de les reviser. C'est en vain que ce grand citoyen, auquel on ne saurait payer un trop large tribut d'admiration et de reconnaissance, lutta vaillamment et interpréta la revision dans le sens d'un arrangement et d'une sorte de codification des dispositions de son projet. L'idéal de la Convention commençait à baisser et à s'obcurcir. Inquiétée, choquée et déroutée par les manifestations anti religieuses du peuple; tourmentée par un vague déisme qui avait été en somme, dans le même siècle, celui de Voltaire et de Rousseau; défiante des progrès de ce que le Comité de salut public avait appelé « le philosophisme, » elle avait pris les cultes sous sa protection morale et se repentait d'avoir adopté le projet de Romme qui fermait l'école à toutes leurs influences.

Elle donna donc la priorité au projet du jacobin *Bouquier*, qui déclarait laconiquement que « l'enseignement était libre ». Tout le monde pouvait prétendre aux fonctions d'instituteur et ouvrir une école, sous réserve de quelques formalités. La surveillance était remise entre les mains des municipalités ou sections, des pères et mères, des tuteurs et curateurs et de tous les citoyens, en un mot, de tout le monde, ce qui équivalait parfaitement à ne la confier à personne. Ce vice radical du projet suffisait à rendre absolument illusoires les articles qui ordonnaient aux instituteurs de se conformer aux programmes et aux livres d'enseignement désignés par la représentation nationale. Tous les prêtres et tous les vieux maîtres de l'ancien régime allaient pouvoir enseigner à leur aise. On ne leur demandait rien d'ailleurs qui ne fût à la portée du pédagogue le plus ignare : le programme de l'enseignement primaire était honteusement réduit à la lecture, à l'écriture et aux premières règles de l'arithmétique. Pour comble de charité envers ses irréconciliables ennemis, la République s'engageait à les payer elle-même en mandats à vue, à tant par tête d'élève.

A quelque temps de là, le 13 avril 1794, le triste auteur de ce projet eut le front ou la naïveté de le faire suivre d'un rapport sur le dernier degré d'instruction. Partant de ce principe que la République, après avoir payé aux citoyens la dose d'instruction qui leur est rigoureusement nécessaire, ne doit se payer à elle-même que les établissements qui sont rigoureusement préparatoires à ses services publics, il propose, au travers d'une phraséologie emphatique et prud'hommesque, la création d'un certain nombre d'écoles spéciales : écoles de médecine, d'art vétérinaire, écoles militaires, de travaux publics, école navale, école des mines.

Ainsi, entre l'instruction primaire, presque anéantie d'ailleurs, et les écoles spéciales qui supposent une instruction et un enseignement supérieur, se creuse un trou béant que l'auteur ne se préoccupe nullement de combler. Par un défaut total de prévoyance ou de logique, il ne se demande même pas comment il pourra recruter des écoles supérieures, en l'absence de tout enseignement secondaire. Il tombe par là dans l'impossible, pour ne pas vouloir perdre de vue un seul instant l'utile. Tout ce qui ne rentre pas dans l'étroit cadre de son plat idéal est à ses yeux enseignement de luxe ; il ne se doute guère que l'instruction publique et la science sont la première richesse d'une nation, que les études dites désintéressées lui sont en fait et matériellement indispensables.

Des événements tragiques détournèrent pour un temps la préoccupation publique des questions d'enseignement et firent d'ailleurs abandonner le plan de Bouquier d'une manière définitive. Ce n'est pas à ce titre que nous les déplorons. Des passions sanguinaires avaient successivement poussé à la guillotine les Hébertistes et les Dantonistes. Enfin, à la date célèbre du 9 thermidor, Robespierre tomba lui-même; son parti fut ruiné et entraîna le plan de Bouquier dans sa chute.

Cependant l'impulsion était donnée depuis longtemps aux idées pédagogiques. Par une heureuse circonstance, le Comité d'instruction publique se trouvait renfermer quelques-uns des meilleurs républicains encore acquis au véritable esprit de la Révolution. Grâce à leur influence et pendant l'espèce d'accalmie politique qui suivit la fièvre du sang, la Convention entra en quelque sorte dans une période organique et dans une ère d'utiles créations.

Un de ses essais les plus originaux et les plus heureux par ses suites, ce fut l'institution de l'École Normale de Paris [1]. Le mot était alors aussi nouveau que la chose. Il s'agissait de faire des maîtres qui fussent capables d'enseigner d'après les méthodes et dans l'esprit de la Révolution. Ils manquaient, nous le savons. Ce fut une grande idée que de les faire, pour ainsi dire, sortir de terre. On s'adressa aux départements, auxquels on demanda les meilleurs et les plus intelligents de leurs enfants; et à ces élèves de choix, on donna comme maîtres, comme instituteurs, les hommes dont la réputation et la gloire étaient dès lors et n'ont pas cessé d'être l'honneur du pays : Lagrange, Laplace, Haüy, Monge, Daubenton, Berthollet, Volney, Bernardin de Saint Pierre, Laharpe, etc. L'École Normale prit ainsi naissance dans un décret de la Convention, sur un

1. Je cite spécialement cette école, non par une préférence d'ancien élève qui me ferait oublier les autres, mais parce qu'elle est, au moins dans la conception qui lui a donné naissance, comme une pièce essentielle d'une pédagogie.

rapport extrêmement remarquable de Lakanal[1], qui présida ensuite la séance d'ouverture et d'inauguration : les cours durèrent six mois et prirent l'utile caractère de conférences fécondes entre les professeurs et les élèves[2].

Le même Lakanal fit adopter une loi d'enseignement primaire, ayant les plus grands rapports avec le projet qu'il avait présenté jadis pour le compte de Sieyès et de Daunou. Tel quel, ce plan constituait un progrès considérable sur celui de Bouquier. En effet, il ne livrait plus absolument l'éducation à l'influence et aux hommes des émigrés de l'intérieur, au vieux personnel de la pédagogie monarchique et cléricale. Il permettait, il est vrai, d'ouvrir des écoles particulières. Mais il assurait l'avantage de la gratuité aux écoles nationales et remettait, en dernier ressort, la nomination de leurs instituteurs et institutrices à l'administration du district, administration dont on pouvait du moins espérer qu'elle serait républicaine. Cet espoir ne se réalisa pas toujours. Malheureusement aussi, la Convention, maintenant flottante et sans volonté forte, se refusa à admettre le principe de l'obligation. Romme, qu'on est toujours sûr de rencontrer à la défense des meilleures causes, s'opposa en vain à cette défaillance. Enfin le programme se rapprochait beaucoup de celui qu'avaient adopté successivement tous les pédagogues révolutionnaires dignes de ce nom. Il tendait à rendre moins large et moins profonde la lacune, inévitable entre l'enseignement primaire et le secondaire, quand

1. Malgré des imperfections et des erreurs, ce rapport renferme des choses excellentes sur les rapports de l'organisation des pouvoirs publics et celle de l'enseignement national, aussi sur l'importance primordiale de l'art d'enseigner. Lakanal n'est signalé dans notre livre par aucune construction philosophique. Il est, à cet égard, bien inférieur à un homme comme Romme. Mais son nom reste attaché à la fondation effective de presque toutes les grandes créations conventionnelles. C'est un caractère d'une admirable pureté. Il a bien mérité sa statue et la réputation qu'on lui fait est pleinement justifiée, quoique un peu exclusive.

2. Quand j'étais élève de l'École normale supérieure, je me suis toujours étonné de voir à l'entrée, sur des plaques de marbre, la date des actes administratifs de Napoléon et de Louis-Philippe, qui l'ont successivement rétablie et reconstruite, et aucune mention du décret conventionnel qui l'a réellement créée.

on ne ménage pas entre eux des transitions à la manière de Romme et de Condorcet[1].

Ce qui contribuait à faire du plan Sieyès-Daunou, jadis condamné par nous, une solution actuellement acceptable et relativement bonne, c'est qu'il ne fut plus question alors, comme on l'avait voulu d'abord et comme Bouquier l'avait voulu depuis, d'abandonner l'enseignement secondaire à ses propres forces et à l'initiative particulière. Il fut constitué par les *écoles centrales*, établies sur un nouveau rapport de Lakanal, infatigable pendant toute cette période. Chose singulière, Lakanal ne veut pas qu'on leur donne le nom d'écoles secondaires. Il craint sans doute de réveiller les susceptibilités des amis inintelligents d'une fausse égalité. Nous ne tenons pas au mot; mais nous attachons une importance singulière à la chose. Or les écoles centrales devaient bien constituer un degré secondaire d'enseignement, puisqu'elles étaient appelées, d'après le rapporteur lui-même, à remplacer les anciens collèges, toujours en exercice licite ou illicite. Elles avaient été réclamées par les adresses d'un grand nombre de départements. On devait y enseigner des connaissances scientifiques et, dans tous les cas, suivre un programme suffisamment imbu de l'esprit de la science et de la Révolution :

On vous a démontré déjà combien il est urgent de former des officiers de santé. Les communes les ont cédés aux armées où l'humanité, toujours sous le fer et dans le feu, réclame les secours les plus prompts. Vous propagerez la science de la vie, non comme autrefois, par des formules hiéroglyphiques et quelques adages applicables à tout, et par conséquent à rien ; mais par une étude approfondie de la nature, qui, pour la conservation des trois règnes, a combiné entre eux des actions réciproques et des

1. De là vient, aujourd'hui même, la tendance d'un enseignement primaire supérieur à se constituer en France.

rapports mutuels. C'est la connaissance de ces combinaisons éternelles qui formera notre système médical. Celui-là sera à l'abri des épigrammes du bel esprit et du mépris des philosophes. L'homme qui le possédera sera le vrai conservateur de l'espèce humaine, et, par un rapprochement qui paraîtra singulier, mais qui n'en est pas moins réel, en guérissant les maux du corps, il portera le plus grand coup à l'incurable fanatisme, puisque, quand les médecins sauront guérir, le peuple n'ira plus recourir à d'impuissantes reliques. C'est dans l'impossibilité de les adresser à un mortel habile dans cet art que la Grèce ouvrait à ses peuples le temple d'Esculape.

Tous les arts, toutes les sciences se tiennent et s'entrelacent; mais il en est qui ont une connexion plus étroite; il en est d'autres, pour ainsi dire supérieurs, qui entraînent dans le tourbillon une foule d'arts subordonnés qui sont comme leurs satellites. Ils sont faits pour se réfléchir mutuellement de leur lumière : ainsi la physique, la chimie, l'anatomie, l'histoire naturelle, quoique chacune ait sa sphère particulière et son existence à part, se rangent autour de la médecine et vous n'aurez fondé des écoles utiles pour celle-ci que lorsque les autres auront leurs chaires et leurs étudiants. Ce sont les membres d'un même corps ; la privation d'un seul arrête ou gêne tous les autres.

Nous avons depuis longtemps négligé les belles-lettres, et quelques esprits qui veulent passer pour profonds regardent cette étude comme futile. S'ils avaient observé la marche de l'esprit humain, ils auraient vu toujours les belles-lettres s'élever comme l'aurore des sciences. Ce sont elles qui ouvrent l'esprit au jour de la raison, et le cœur à l'impression du sentiment. Elles substituent la moralité à l'intérêt, elles polissent les peuples, elles exercent leur jugement, elles les rendent plus sensibles et en même temps plus dociles aux lois, plus capables de grandes vertus. Chez les peuples anciens qui ont marqué dans l'histoire, les lettres ont tenu lieu de toutes les sciences; ils n'avaient presque aucune vraie connaissance, mais ils étaient lettrés : ils avaient des poètes, des orateurs, des écrivains moraux, et ils ont été grands aux yeux de l'univers.

L'illustre philosophe de Genève, voyant dans la corruption les peuples éclairés, conclut que les lettres les avaient corrompus; il aurait dû dire qu'ils l'avaient été, non par les lettres, mais malgré les lettres, qui, dans cet état de décadence, modifiaient encore l'action du vice et rallumaient de temps en temps dans les âmes le flambeau de l'honneur ; oui, jusqu'à l'abus qu'on en a fait, tout prouve le bon usage qu'on pouvait en faire.

Encouragez donc l'étude et le perfectionnement des belles-lettres, ressuscitez les langues anciennes pour enrichir la nôtre de leurs trésors. Les auteurs de l'antiquité respirent l'amour sacré de la patrie, l'enthousiasme de la liberté, et cette haine vertueuse que l'être sensible doit aux oppresseurs de l'humanité. Approchez de vous les langues principales de l'univers moderne; ce n'est que par là que la vôtre pourra se perfectionner ; et vos idées ne s'étendront, ne se rectifieront que par l'importation de toutes les idées étrangères. Dès lors, la poésie, la musique, l'éloquence qui agissent si fortement sur un peuple libre, prendront, en France, le caractère qu'elles doivent avoir et qu'elles n'ont jamais eu. Dès lors, au lieu d'Anacréons, vous aurez des Tyrtées et des Homères ; au lieu d'Isocrates, vous aurez des Démosthènes, surtout si, par vos institutions, les grands principes de la morale républicaine deviennent populaires, et si votre législation sublime cesse d'être la science du petit nombre.

En général, on avait senti la nécessité de ces branches d'enseignement. On ne s'était trompé que sur la fin et les moyens. Mais pourquoi l'agriculture, le commerce, les arts et les métiers n'ont-ils jamais eu leurs écoles? Pourquoi les a-t-on livrés à la routine de l'instinct ou à l'intérêt de la cupidité? Croyait-on à l'impossibilité de les réduire en principes? ou pensait-on qu'en ce genre les méprises fussent sans conséquence et la perfection sans valeur? Vous vengerez les arts et les métiers, l'agriculture et le commerce de cet oubli des nations ; non en allant comme les rois poser sur le socle en un jour solennel une main protectrice : cette vaine cérémonie avilit ce qu'elle a l'air d'élever ; mais vous assignerez des instituteurs qui abrègent, qui assurent la marche de l'industrie. L'expérience démontre l'utilité de ces sortes d'établissements. Le célèbre Smith a donné à Édimbourg, des leçons sur le commerce, dont la réunion et l'ensemble ont formé l'*Essai sur la richesse des nations*, l'ouvrage peut-être le plus utile aux peuples de l'Europe. L'agriculture date des premiers jours du monde, et elle est à une distance immense de la perfection ; c'est que la charrue, poussée au hasard, n'a jamais été précédée du flambeau de la réflexion ; si elle est plus florissante sur les bords de la Tàmise, c'est que la patrie reconnaissante y a l'œil sur le cultivateur et que le premier qui y sema du gland, d'où sortent les vaisseaux de ligne, a obtenu des statues éternelles.

Il est sans doute une foule d'exercices auxquels on élevait la jeunesse qu'il faut absolument proscrire de l'éducation nationale et livrer aux fantaisies des particuliers; mais il est du grand intérêt de la patrie de s'assurer que les mathématiques se cultivent et s'approfondissent parce qu'elles donnent le pli de la vérité, parce que sans elles l'astronomie et la navigation n'ont plus de guide, l'architecture civile et navale n'ont plus de règle, la science de l'artillerie et des sièges n'a plus de base. Rien, en un mot, de ce qui a quelque degré d'utilité publique ne doit être négligé dans votre système d'instruction gratuite, pas même le dessin, qui n'a été considéré jusqu'à présent que relativement à la peinture ; mais qui, sous le rapport du perfectionnement des sens, accoutume les yeux à saisir fortement les traits de la nature et est, pour ainsi dire, la géométrie des yeux, comme la musique est celle de l'oreille.

Voilà les principaux objets d'enseignement qui seront traités avec une certaine étendue dans les nouvelles écoles que nous nommons *centrales,* parce qu'elles seront placées au centre des écoles primaires de chaque département et à la portée de tous les enseignés.

Quel plus beau spectacle que de voir dans toute la République s'élever ces savantes constructions où se réuniront, dans un foyer commun, les lumières de chaque. Vous y rassemblerez les hommes éclairés des collèges que vous allez supprimer ; en les unissant aux élèves sortis des écoles normales, ils seront forcés d'en suivre la direction.

C'est là que les gens de lettres qui, cachés au fond de leur cabinet, y nourrissent salutairement le feu du génie, iront avec allégresse en répandre l'influence. C'est là aussi qu'après tant de campagnes célèbres, les amis des arts qui sont dans nos armées viendront servir la patrie d'une manière aussi utile et moins dangereuse, et unir les palmes des lettres aux lauriers de la victoire. C'est là enfin que vous recueillerez, de tous les points de chaque département, les divers monuments des arts qui doivent servir à leur reproduction ; dispersés, ils sont sans objet et sans utilité ; réunis, exposés à l'admiration publique et à l'émulation du talent, ils allumeront dans les âmes le feu qui les a créés.

Mais à cet égard, nous devons à la nation un grand exemple d'égalité et de fraternité. Vous avez dans la commune de Paris des richesses incroyables dans ce genre. Il est sans doute essentiel que les artistes et les savants trouvent, dans cette métropole des sciences et des arts, les plus riches collections ; mais n'accaparez pas une opulence inutile.

Pourquoi le superflu des cabinets et des bibliothèques de Paris ne serait-il pas versé dans les départements ? Gardez tous les chefs-d'œuvre uniques. Il est juste qu'ils fassent l'ornement des lieux qui les ont vu naître. Mais tous les doubles en fait de tableaux, de livres, de statues, de machines, d'objets quelconques d'études, vous en enrichirez les écoles départementales. Le génie portera ainsi sa flamme épuratrice jusqu'aux extrémités de la République. De là, par un effet réciproque reporté naturellement vers le centre, il se formera une circulation d'où dépendent l'embonpoint et la vie du corps social.

Les écoles normales ont annoncé à la France le complément de l'instruction qui ne peut être que dans les écoles centrales. Vous ne laisserez pas l'édifice imparfait. L'univers, la postérité sauront qu'au milieu des orages d'une révolution inouïe, dans les crises d'une guerre dont vous souffliez l'embrasement sur vingt nations punies de leurs forfaits ; tandis que, dans la terreur, vous terrassiez d'une main le crime et l'immoralité, et que de l'autre vous cicatrisiez les plaies que la patrie avait reçues de ses parricides enfants, votre génie infatigable, combattant sans relâche l'ignorance et le vandalisme qui menaçaient d'envelopper la République, élevait un temple immense, un temple éternel, et jusqu'à vous sans modèle, à tous les arts, à toutes les sciences, à toutes les branches de l'industrie humaine, et que vous assuriez par ce chef-d'œuvre à la nation française, sur les peuples de l'univers, une supériorité plus glorieuse que celle que nous avaient donnée les succès de nos armées triomphantes.

CHAPITRE XII

Conclusion.

LA CONTRE-RÉVOLUTION

Ce serait une œuvre bien difficile et qui, à notre avis, n'est pas faite encore, que de déterminer à quel point les institutions scolaires de la Convention réussirent pratiquement. Tous les documents sont loin d'avoir été rendus au jour et coordonnés, à supposer qu'ils existent encore. Et quand bien même les utiles travaux, qu'on a publiés depuis quelque temps sur la question, en fixeraient exactement les éléments matériels et les données arithmétiques, on sent qu'ils ne peuvent avoir rien de décisif, parce que ces institutions ont été étouffées dans l'œuf. Elles promettaient peut-être plus qu'on ne veut bien le dire. Un rapport de Lakanal du mois de mai 1795, sur les dépenses de l'instruction publique, laisse à penser que dès cette époque l'instruction primaire avait pris un vigoureux élan, sous l'impulsion bienfaisante des lois nouvelles.

Malheureusement, la cause de la République allait perdre encore quelques-uns de ses plus utiles et de ses plus énergiques défenseurs. Romme, Soubrany et leurs amis politiques furent à leur tour condamnés à mort et se suicidèrent, comme nous l'avons dit plus haut, en sortant du tribunal qui venait de les désigner au bourreau. Ils étaient le dernier boulevard et le dernier espoir de la Révolution. Avec eux, tout fut perdu ! La Contre-Révolution commença, qui ne devait plus guère s'arrêter que par moments, jusqu'à son complet triomphe avec Napoléon Ier ; et il est navrant de dire qu'elle commença dans le sein même de la Convention.

Le Comité de l'instruction publique fut renouvelé et transformé en commission des onze, commission de thermidoriens, de royalistes, de réactionnaires. Elle ne tarda pas à détruire la dernière loi d'instruction primaire, au moment où les heureux effets commençaient à s'en faire sentir indiscutablement. Elle en proposa une nouvelle dont le rapporteur fut Daunou.

Il commence par un morceau assez déclamatoire sur l'état des lumières dans les hautes classes de la société française avant 1789 ; il en fait un tableau brillant. Mais comme le moment n'est pas encore venu où il sera permis, et même avantageux, d'exalter absolument l'ancien régime, il montre comment le despotisme isolait du mouvement intellectuel les basses classes de la société, les maintenait dans l'abrutissement et la superstition, corrompant d'autre part les classes éclairées « en les plaçant avec lui dans la sphère de toutes les immoralités et de tous les vices ». Ainsi allait, s'accusant toujours, une énorme et dangereuse différence de culture entre les deux parties de la nation. La Révolution, en apportant l'égalité, devait détruire un système d'instruction d'où résultait une aussi mauvaise et aussi funeste répartition des connaissances. L'instruction publique a été désorganisée :

« L'amour de la liberté y concourut lui-même, lorsqu'il entraîna loin des lettres, et qu'il transporta dans les camps des milliers d'instituteurs et d'élèves subitement transformés en d'intrépides vainqueurs. La France républicaine devait montrer les vertus et la valeur de Rome guerrière, avant de briller, comme Rome victorieuse, de l'immortel éclat de tous les talents de la paix. Dans ces années de périls et de combats, les Français ne pouvaient guère étudier qu'un seul art, celui de vaincre, et l'on doit convenir qu'ils y ont fait d'assez rapides et assez vastes progrès. »

Daunou trouve que le moment est venu de reconstruire : il n'a pas l'air de se douter de ce qu'on a fait déjà. Il traite la question comme si elle était entière. Il remonte jusqu'à Talleyrand et à Condorcet.

« Parmi les projets d'instruction publique, si multipliés depuis six années, il en est deux auxquels vos comités ont cru devoir une attention particulière.

» Le premier, présenté à l'Assemblée constituante à la fin de sa session, est un monument de littérature nationale, qu'un même siècle est fier d'offrir à la postérité à côté du Discours préliminaire de l'Encyclopédie : c'est un frontispice aussi hardi, aussi vaste des connaissances humaines, quoique d'une architecture plus jeune, plus ornée et plus éclatante. Mais, si ce travail est un magnifique tableau de l'état des lumières nationales, et une sorte d'itinéraire de leurs progrès futurs, le projet de décret, qui le termine, ne présente pas aussi heureusement un bon système législatif de l'organisation matérielle de l'instruction.

» Trop de respect pour les anciennes formes, l'idée d'entourer les instituteurs de liens et d'entraves, le désir de multiplier les places sans fonctions et les bureaux ministériellement littéraires, tout a trompé, dans les conclusions, l'attente de l'esprit étonné par les plus majestueux préliminaires.

» C'est peut-être un défaut contraire que l'on peut reprocher au plan de l'illustre et malheureux Condorcet, de ce savant républicain, qui, proscrit fugitif, et jusque dans les bras de la mort, s'occupait encore du bonheur à venir de son pays, et victime de l'ingratitude des hommes, développait l'honorable système de la perfectibilité humaine.

» Condorcet, l'ennemi des corporations, en consacrait une dans son projet d'instruction nationale ; il instituait en quelque sorte une église académique : c'est que Condorcet, l'ennemi des rois, voulait ajouter dans la balance des pouvoirs publics, un contrepoids de plus à ce pouvoir royal, dont l'existence monstrueuse, au milieu d'une constitution libre, était assez réprouvée par les alarmes et par les craintes de tous les amis de la liberté.

» Vos comités, en rédigeant le projet qu'ils vous ont offert le 6 messidor, et qu'ils reproduisent aujourd'hui ont trouvé du plaisir et de la gloire à s'emparer des richesses qu'avaient déjà répandues sur cette matière les hommes célèbres qui s'en étaient occupés ; nous n'avons fait que rassembler leurs idées éparses, en les raccordant aux principes de la constitution républicaine ; nous nous honorons de recommander ce projet des noms de Talleyrand, de Condorcet et de plusieurs autres écrivains. »

Ici, nous demandons la permission de nous inscrire en faux contre les prétentions de Daunou. S'il s'est inspiré de quelqu'un, c'est de Bouquier. En effet, dans la loi qu'il fait adopter, le programme des écoles primaires est à peu près réduit aux mêmes termes que chez Bouquier. Tous les défauts du plan funeste et inintelligent de ce dernier réapparaissent entièrement, et passent cette fois dans le domaine législatif et pratique.

Dès lors, l'enquête qui sera faite plus tard, sous le Consulat, sur le fonctionnement des écoles centrales, ne prouvera rien sur la valeur intrinsèque de ces institutions. Par un pareil programme d'enseignement primaire, aussi incomplet, aussi tronqué, aussi incapable de conduire sur le seuil du second degré de l'enseignement, on avait ôté sa base à celui-ci. On coupait pour ainsi dire l'herbe sous le pied des écoles centrales. On leur ôtait leurs racines. On les arrachait du sol où elles devaient trouver leur sève ascendante et fortifiante.

Et ce n'est pas seulement par la mauvaise qualité de l'enseignement primaire qu'on tarissait les sources naturelles du secondaire ; c'est aussi par la quantité restreinte des élèves qu'on ménageait aux premières écoles. La loi portait en effet que désormais, « les institutions primaires recevront de chacun de leurs élèves une rétribution annuelle qui sera fixée par l'administration du département ». Ainsi non seulement l'instruction n'est plus obligatoire, mais elle n'est plus même gratuite. C'est presque dire qu'elle ne sera pas. C'est préparer merveilleusement les voies à la loi consulaire de 1802, soutenue par Fourcroy, laissant à l'initiative communale et particulière le soin de créer et de subventionner les écoles, supprimant le traitement des instituteurs et anéantissant en fait l'instruction primaire en France pour plus de trente années.

Si donc la France a désappris à lire, comme on le prétend, après la Révolution, ce n'est pas à la Révolution même qu'il faut s'en prendre, mais bien à la Contre-Révolution, aux royalistes et aux impérialistes qu'on pourrait seuls incriminer justement sur ce point.

Un autre point du rapport de Daunou, sur lequel nous appelons toute l'attention du lecteur, est le suivant :

« Nous avons cru devoir rechercher d'abord quelles étaient les limites naturelles de la loi dont nous aurons à vous présenter le projet, et nous avons aperçu ces limites dans les droits individuels que la Constitution nous ordonnait de respecter.

» Nous nous sommes dit : liberté d'éducation domestique, liberté des établissements particuliers d'instruction. Nous avons ajouté : liberté des méthodes instructives. »

Quel fut le résultat de cette liberté ?

Sept ans après, quand Bonaparte voulut détruire les derniers restes de l'éducation révolutionnaire et supprimer les écoles centrales, végétant dans l'atmosphère raréfiée qui leur était faite par une telle législation, il trouva, toute prête à les remplacer, la pédagogie des vieux collèges, qui n'avaient pas tous cessé de se soutenir, grâce à la tolérance ou à l'impuissance du gouvernement. En effet, le Directoire, qui avait la responsabilité du pouvoir, n'en eut pas la réalité. La police de l'instruction publique appartenait presque tout entière aux municipalités et aux administrations de département. Celles-ci ne tardèrent pas à se repeupler de royalistes et de réactionnaires. Les maisons libres d'enseignement, c'est-à-dire les maisons d'enseignement antirévolutionnaire, purent donc fleurir à nouveau, soit en donnant quelques satisfactions hypocrites et tout extérieures à l'esprit républicain, soit même en suivant des errements que le Directoire était tout simplement réduit à ne pas approuver. Bonaparte n'eut qu'à recueillir, à centraliser et à décupler les forces éparses de la réaction, pour se trouver à la tête d'un système d'éducation analogue à celui de l'ancienne monarchie.

Il rétablit en fait les anciens collèges sous le nom de lycées. Il fit d'un « pensionnat nombreux » la base de leur organisation. Il ne tarda pas même, avec son génie de caporal, à en faire de véritables casernes, où les prescriptions de la vie militaire la plus inhumaine s'étendaient jusqu'aux professeurs ; et bien que Fourcroy, le triste personnage qui présenta le nouveau projet de loi au Corps législatif, promît de « cumuler les objets d'enseignement des écoles centrales » avec le programme des anciens collèges, c'est ce dernier seul qui en fait reprit vigueur, dans un milieu matériel, intellectuel et moral analogue à celui qui avait jadis été le sien.

Ainsi, à ne considérer que l'enseignement primaire et le secondaire, l'effort immédiat de la Révolution a pleinement avorté. S'il fallait déterminer sa part de responsabilité directe dans cette espèce de *fiasco*, je la trouverais d'abord dans un de ses scrupules constants, scrupule qui, comme tant d'autres, lui a fait plus d'honneur qu'il ne lui a donné de profit : je veux parler de son respect pour la liberté de l'enseignement. Ayons le courage de le dire, ce respect pour la liberté fut une faute dans le cas qui nous occupe. Jamais on ne put se décider à porter une main vigoureuse et résolument destructive sur cette ancienne pédagogie, dont l'existence au sein de la France nouvelle était véritablement insurrectionnelle. La Révolution se contenta de chasser le pouvoir insurgé du domaine de l'État. Mais cette retraite de l'ennemi, retranché sur le terrain de la liberté comme dans un asile presque sacré, ne devait être, à cause de cela même, que toute provisoire. Il ne tarda pas à faire un retour offensif et à déloger la Révolution des positions où elle s'était bénévolement établie dans une situation précaire. Elle semblait avoir dit : Puissé-je périr, plutôt que le principe de la liberté ! Elle périt en effet, mais la liberté avec elle ; car la liberté n'était que dans la Révolution, et c'était réellement la sacrifier que d'en respecter l'image chez ses irréconciliables adversaires. Si donc j'avais un reproche à faire à la Révolution, ce ne serait pas d'avoir abusé de son pouvoir pour détruire l'ancien système d'instruction publique ; ce serait de ne l'avoir pas ruiné assez pour qu'il fût incapable de se relever.

En second lieu, je lui reprocherais douloureusement d'avoir dévoré les meilleurs de ses enfants, de s'être saignée aux quatre veines du plus pur de son sang. Si elle n'avait pour ainsi dire pas mis une sorte de rage folle à se décapiter elle-même, chaque fois que la tête d'un homme éminent par la pensée ou par l'action s'élevait au-dessus du niveau égalitaire, ces hommes eussent été le salut de la République. Il n'y eût pas eu de place pour le soldat corse. Il n'a pu s'élever qu'en se faisant un marchepied du tronc sanglant de nos révolutionnaires français. Son pavois est leur échafaud.

Si maintenant je porte mes regards sur les grandes constructions théoriques d'un Romme ou d'un Condorcet ; si je considère même l'œuvre plus humble réalisée et vivifiée par le Comité d'instruction publique pendant l'avant-dernière période de la Convention ; il m'est impossible de ne pas affirmer énergiquement que l'œuvre de Bonaparte, enfant de la Révolution, héritier de sa force, muni du pouvoir absolu qui avait manqué à tous avant lui, anéantissant l'instruction primaire, rouvrant au flanc de la France la plaie des internats monastiques que la Convention avait abolis, restaurant l'ancienne pédagogie jésuitique, asservissant par l'éducation les maîtres aussi bien que les élèves, traquant la science, rendant à l'enseignement la religion pour moyen et la monarchie pour fin ; il m'est, dis-je, impossible de ne pas déclarer qu'en matière d'instruction primaire et secondaire cette œuvre de Bonaparte constitue, vis-à-vis de la Révolution, une véritable banqueroute frauduleuse.

Ce n'est pas là, comme on l'a constaté, que sont les véritables et solides résultats de la Révolution dans le domaine des sciences, des lettres et des arts. C'est avec raison que, pour en trouver le tableau, on a renvoyé le lecteur au livre excellent de M. Despois [1] ;

1. C'est la conclusion de M. Guillaume, dans son art. *Convention* du *Dict. de pédagogie.*

et nous ne saurions mieux faire nous-même, que d'en emprunter le résumé au témoignage suivant de Chaptal :

« Au milieu des agitations, des haines, des passions auxquelles la Convention nationale fut en proie, on l'a vue néanmoins s'occuper constamment d'instruction publique. Les crises politiques qui ont marqué ses périodes d'une manière si effrayante, ont fait successivement prédominer tous les partis ; et la postérité croira avec peine que la même assemblée qui paraissait avoir organisé la destruction en système, ait produit ces nombreuses lois salutaires auxquelles nous devons ou la conservation ou la création de presque tous nos établissements d'instruction publique..... C'est ainsi qu'on a conservé le dépôt précieux des *Arts et Métiers ;* qu'on a formé le plus bel établissement de *musique* qui existe en Europe; qu'on a établi les *écoles de médecine ;* créé une *école normale,* conçu et exécuté le vaste plan de l'*école polytechnique ;* accordé un asile et les secours de l'instruction aux *sourds-muets ;* ouvert des leçons publiques à la bibliothèque nationale pour l'enseignement des *langues orientales ;* établi deux écoles d'*économie rurale ;* organisé, sous le titre *d'écoles de services publics,* un enseignement complet pour l'*artillerie,* le *génie,* les *ponts et chaussées,* les *mines,* la *géographie,* et la *navigation,* etc. C'est, en un mot, osons le dire, la Convention nationale qui a posé, sans restriction, les bases de l'instruction telle qu'elle existe encore aujourd'hui : mais non seulement elle s'est occupée d'instruire ; elle a voulu conserver ; elle a fait plus, elle a voulu perfectionner ; et, à cet effet, elle a réuni dans un même lieu, et comme dans un même temple, sous le nom d'*Institut*, les sciences, les arts et la littérature. » (*Moniteur* du 19 brumaire an IX.)

Chose singulière au premier abord, et pourtant naturelle, si l'on songe que la vérité est impérissable, mais qu'il lui faut souvent un long temps pour triompher ; plus nous nous éloignons de cette époque, et plus ce que Chaptal disait de l'assemblée conventionnelle s'applique justement à la Révolution tout entière ; plus nous relevons d'elle et plus nous en vivons. Tout le bien qui se fait aujourd'hui dans l'enseignement ne se fait guère que par elle et d'après elle ; tout le bien qui se fera nous viendra d'elle. Car non seulement la pédagogie révolutionnaire a posé, comme le disait Chaptal, les bases de l'instruction telle qu'elle est, mais aussi les bases de l'instruction telle qu'elle n'est pas encore, telle qu'elle devrait être et telle qu'elle sera.

FIN

TABLE DES MATIÈRES

Pages

CHATEAUROUX. — TYPOGRAPHIE ET STÉRÉOTYPIE A. MAJESTÉ

www.ingramcontent.com/pod-product-compliance
Ingram Content Group UK Ltd.
Pitfield, Milton Keynes, MK11 3LW, UK
UKHW020113200726
13856UKWH00002B/520

9 782013 536707